KB119641

나의
마지막 영어공부

우리는 왜 영어공부에 성공하지 못했을까?

나의
마지막 영어공부

박소운 지음

원앤원북스

올바른 영어공부로
겉멋 영어를 극복하라

"My name is ○○. I live in Seoul? I love to play soccer on weekends? I study economics at college?"

(저는 ○○입니다. 서울 살고요? 주말이면 축구하는 것 좋아하고요? 대학에서 경제학 배우고 있고요?)

우리나라 사람들이 영어를 할 때 보이는 공통된 특징, 'korean accent(코리안 악센트)'란 뭘까요? 코리안 악센트란 한국인이 영어를 쓸 때 특징적으로 묻어나는 발음을 의미하는데요. 그간 많은 이들의 영어를 들어보며 내린 결론은 이렇습니다.

'이유는 모르겠지만 우리나라 사람들은 문장 끝을 올려 말하는구나.'

그 흔한 자기소개를 할 때도 그렇습니다. '주말마다 매번'이라고 말하고 싶으니 복수형으로 'weekends'가 맞나 싶어 갸우뚱 한 번, 경제학을 '대학에서' 공부하고 있으니 전치사로 'at'이 맞나 싶어 또 갸우뚱 한 번. 이런 불안과 자신감 부족이 말투에 그대로 드러나는 것이죠. 한마디로 '내가 맞게 말하고 있는지를 당최 모르니 이거 원 불안한데.' 하는 생각이 말투에 담기는 것입니다. 이제 단복수, 전치사, 시제 등 내 영어 발목을 잡고 있던 무언가를 극복하고 자신감과 확신을 가져보면 어떨까요? 뱃심 두둑하게 문장 끝을 내려서 말하는 겁니다.

사람들과 만나면 다들 영어를 잘하고 싶다고 합니다. 시중에 각종 학습법과 교재는 참 많은데 뭘 골라서 어떻게 공부해야 할지 모르겠다며 고충을 토로하는 경우도 많고요. 후배 통역사 중에 통역이 마음만큼 나오지 않으면 자기도 모르게 '쯧' 혀를 차는 소리를 내던 친구가 있었습니다. '원래 내 실력은 이것보다 낫다. 오늘따라 이렇게 나와서 나도 마음에 차지 않는다.' 하는 일종의 신호를 무의식중에 보내는 거죠. 매끄럽게 통역이 이뤄져야 하는데 말끝마다 '쯧'이 붙으니 고객사 직원분께서 같이 있던 제게 조심스럽게 말씀합니다. 이분 통역이 좀 불편하게 들린다고요.

자꾸만 이렇게 되는 이유는 무엇일까요? 흠잡을 데 없는 (flawless) 영어를 유창하게 구사하는 나 자신에 대한 열망 때문은 아닐까요? 그런데 그 누구의 영어도, 아니 그 누구의 한국어도 완벽하지 않습니다. 모든 한국인이 표준어를 쓰지도, 맞춤법을 완벽하게 지키지도 않습니다. 그래도 서로 원활하게 마음을 나누며 소통하고 살아갑니다. 모국어인 한국어에서 나오는 실수에는 관대하면서 왜 유독 영어에서만큼은 엄격해지시나요? 혹시 마음속 깊은 곳에 '겉멋'이 있는 건 아닐까요?

외국 생활을 오래 한 것 같은 세련미 풀풀 넘치는 이미지, 혹은 빌딩숲 사이를 성큼성큼 걸어가며 국제적인 업무를 해치울 것 같은 멋진 전문가가 아니면 안 될 것 같나요? 저는 이 '겉멋'을 걷어내야 비로소 진짜 영어 실력이 는다고 생각합니다.

굳이 언어 실력 자체의 문제가 아니더라도 꼭 영어만 쓰면

'어디서 본 듯한' 아메리칸 스타일로 손을 주머니에 찔러 넣고, 지나치게 캐주얼한 표현을 구사하는 경우가 많은데요. 정말 안타까웠습니다. 미국을 비롯한 서양 사람들이야말로 한 문단 안에 들어가는 문장 수까지 정해놓고, 식사 때 포크와 스푼을 사용하는 순서까지 정해놓는 딱딱한 형식을 중요시하는 이들이기 때문입다.

처음 만난 자리에서 '편안하게' '캐주얼하게' 친구를 만난 양 친근감을 표시하는 건 좋지만, 이때 나온 질문이 "How old are you?(나이가 몇 살이에요?)" "Are you married?(결혼하셨어요?)"와 같은 지극히 사적인 질문이라면 상대방은 눈살을 찌푸릴 겁니다. 현장에서 소위 '아메리칸 스타일'이라고 착각하는 무례한 영어를 자주 경험하다 보니 그런 영어에 대한 거부감이 커지더라고요.

그런데 어느 날, 통역하러 간 회사에서 만난 국제업무 담당 직원을 통해 깨달음을 얻었습니다. '어디서 본 듯한' 스타일을 그대로 따라 하는 게 꼭 나쁜 것만은 아니라는 것을요. 저는 정식 회의의 한영·영한 통역을 위해 배석한 통역사였고, 그분은 외국인 참석자를 안내하기 위해 배석한 분이었는데요. 직급이 대리라고 했으니 대략 30대 초반 정도였을 거예요. 그런데 그분이 너무 깔끔하고 예쁜 이른바 'posh(고급스럽고 화려한)'한 영국식 억양을 구사하는 것이었습니다. 회의가 잘 끝나고, 저는 통역사로서 궁금증을 해결하고 싶었습니다.

"대리님은 영국에서 공부하셨나요?"
"예? 아, 아뇨!"

양손을 흔들며 웃으시는 모습을 보니 더욱 호기심이 발동했어요. 저는 악센트에 대해서는 귀가 예민한 편이에요. 호주영어와 영국영어를 구분할 수 있습니다. 그런데 영국에서 공부한 게 아니라니, 정말 놀랍더라고요.

"그럼, 호주인가요? 아니면 어디에서 공부하신 건지 너무 궁금해요."

놀랍게도 그녀의 대답은 "전 순수 국내파예요."였어요. 어린 나이도 아니고 대학 졸업반쯤 되어서 순전히 취업을 위해 영어공부를 시작했다고 합니다. 우연히 영국 BBC 방송을 보다가, 어느 여성이 "certainly"를 발음하는데 영국식 억양 '써어튼리'가 너무 멋있게 느껴지더래요. 대학 졸업을 코앞에 두고 어학연수를 갈 수는 없고, 그래서 매일 BBC를 틀어놓고 '방구석 어학연수'를 시작했다고 합니다.

"BBC는 틀어놓으면, 어린이 프로그램에서도 브리티시 악센트를 쓰잖아요. 유치원생용 프로그램은 그나마 알아들을 수 있는 부분이 많더라고요. 실력이 늘면서 점점 드라마나 뉴스까지 알아들을 수 있게 되었고요."

그 결과 멋들어진 'certainly' 발음만 갖게 된 게 아니라 영어 인증시험 점수도 크게 올랐고, 회사에서 국제업무를 담당하게 되었다고 합니다. 무엇보다 외국 파트너사와 일할 때 헤매지 않아도 되니까 편해서 좋다고 합니다. 일하며 만나게 된 영국 사람으로부터 "영국에서 살았느냐?"라는 질문을 받았을 때는 그동안의 노력이 헛된 게 아니었구나 싶어 뿌듯했다고 해요.

그녀가 본격적으로 영어에 푹 빠져 공부하기 시작한 지 길게 잡아도 6~7년 정도였을 것입니다. 그리 긴 시간도 아닙니다. 어린 시절에 시작한 것도 아니고요. 이야기를 들은 저는 깊이 반성했습니다. 영어공부는 어렸을 때 시작해야 하고, 현지에서 배우는 게 좋고, 긴 시간 공을 들여야 한다는 편견을 내려놓는 계기가 되었습니다.

통역사 일을 하면 '네이티브 스피커'와 일하는 날이 아주 많지는 않습니다. 어떤 날은 인도네시아, 어떤 날은 인도, 어떤 날은 핀란드에서 오신 분과 소통합니다. 영어가 국제적으로 널리 쓰이는 언어이다 보니 악센트와 발음도 천차만별입니다. 그래서 전 통역사로서 악센트나 발음 자체에 대한 욕심이나 환상은 없는 편입니다. 귀에 잘 들어오고 이해가 쉽게 되는 발음과 문장만 입에서 술술 나오면 충분하다고 생각해요.

하지만 단순히 취업을 위해 영어공부를 하려던 누군가가, 단어 하나의 매혹적인 발음에 빠져 영어를 갈고닦았다는 이야기는 제게 큰 감동을 주었습니다. 그래서 저도 그때부터 한국어와 영어의 전달력, 깔끔한 발음을 훈련하기 위한 낭독 연습을 시작했어요. 제 목소리를 녹음해 듣고, 어떤 부분에서 발성과 발음이 흔들리는지 분석했습니다. 누구나 그렇듯 녹음된 자신의 목소리를 듣는 건 그리 유쾌하지 않아요. 하지만 이 목소리가 바로 제 통역을 듣는 분들이 듣던 그 목소리 아니겠어요? 더 나아지는 걸 목표로 꾸준히 해야죠. 누군가의 영어공부 이야기가 이렇게 다른 이에게 힘을 주기도 합니다.

독자 여러분도 이제 '겉멋 영어'를 진짜 영어 실력으로 멋지게 변신시켜줄 '방구석 어학연수 프로젝트'를 시작해보면 어떨까요? 이 책을 읽고 나면 영어를 공부해보고 싶다는 생각이 뭉게뭉게 피어날 것입니다. 늦은 때란 없습니다. 이 책을 통해 '영어공부의 왕도'에 대한 힌트를 얻기를 바랍니다.

박소운

차례

PART 1 영어, 그거 그렇게 하는 거 아닌데

PART 4 영어 고수로 한 걸음 더 나아가기

PART 5 | 그들은 어떻게 영어 고수가 되었을까?

PART 1

영어, 그거 그렇게 하는 거 아닌데

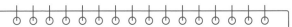

영어가 흔해진 시대,
얼렁뚱땅 영어는 '글쎄요?'

You will never reach your destination if you stop and throw stones at every dog that barks.
짖는 개에게 매번 멈춰 돌을 던진다면 목적지에 도달할 수 없다.

_윈스턴 처칠

"선배님, 요즘 엄마들은 아이가 '반기문' 영어를 구사하길 원하지 않아요."

저보다 11살 어린 후배 통역사와 간만에 만나 점심을 함께 하며 나온 말입니다. 국내파 영어로 외교관을 거쳐 국제기구의 수장까지 지냈던 반기문 전 UN 사무총장의 영어를 원하지 않는 다니, 이게 무슨 말일까요? 후배의 설명이 이어집니다.

"학부모 입장에서는 '이러니저러니 해도 자신 있게 또박또박 말해서 원어민이 알아듣는 수준'의 영어를 바라는 게 아니니까요. 가까스로 소통이 가능한 영어가 아니라 보다 더 고급스러운 기술, 그러니까 수사적인 표현과 유려한 발음을 원하는 것 같아요. 아이 영어 교육에 큰돈을 투자한다는 건 그 정도 포부는 갖고 시작하는 일이죠."

물론 반기문 전 UN 사무총장의 발음이 소위 '교포스러운' 느낌은 아닙니다. 하지만 유창하게 자신의 뜻을 전달하는 능력에 있어서는 상징에 가까운 분인데 이런 식으로 취급하다니. 저는 적잖이 놀랐습니다. 오히려 저는 발음과 유창성에 너무 집중한 '요즘 영어공부'가 본질을 놓치고 있다고 느꼈어요.

통역사 연차가 10년을 넘어가니 이제는 10살 이상 어린 후배들도 종종 보이곤 합니다. 대부분 저에 비해 훨씬 더 어려서부터 영어를 많이 접하고 자란 친구들이에요. 단순하면서도 명료한 '자연스러운' 영어 문장이 입에서 술술 나오는 후배들을 보면 부럽기도 하고 자극을 받기도 합니다.

통역 현장에서는 점차 고객의 니즈가 까다로워지고 있습니다. 범퍼카마냥 여기저기 부딪히면서 대화 내용을 상대방에게

나의 마지막 영어공부

또박또박 잘 전달한다고 끝이 아니죠. 보다 더 자리의 격에 맞는, 보다 더 명확한, 보다 더 아름다운 구조를 지닌 문장을 구사해야 고객들도 좋아합니다. 전 국민이 아는 언어(영어)로 통번역하는 일을 업으로 삼았다면, 비장의 무기까지는 아니더라도 차별성 있는 실력은 있어야 할 테니까요. 단어장, 숙어장, 문법책을 '끼고' 열심히 공부한 것 이상의 영어가 필요하다는 뜻입니다. 보다 더 원어민에 가까운 언어 구사력을 지향하게 되는 것이죠.

화려하고 빠르다고
좋은 영어일까?

저는 네이티브 영어의 미덕은 화려한 발음과 빠르기에 있는 것이 아니라 '쉬운 영어'에 있다고 생각합니다. 최근에 영어유치원에서 주최한 학부모 간담회에 간 적이 있습니다. 영어유치원답게 벽에 'We Make Our Future!'라는 구호가 붙어 있더라고요. 그런데 마음이 좀 찜찜했습니다. 문장이 어색하게 느껴졌기 때문입니다. 한국어로 '우리의 미래를 만들어나가요!' 하는 것과는 조금 다른 느낌이에요. 만일 TV시리즈 〈프렌즈〉의 챈들러와 같은 시니컬한 미국인이 본다면 "Who doesn't?(누군 안 그래?)"라고 할 법한 구호였어요. 영어 문장으로 온전하기 위해서는 좀 더 구체적인 설명이 필요합니다. 그러니까 '그' 미래가 밝고, 건설적이고, 진취적인 미래라고 설명해주는 편이 낫다는 것이죠.

더 아쉬웠던 건 대형 스크린으로 보여준 유치원 재학생의 짧은 인터뷰 동영상이었어요. 7살 안팎으로 보이는 여자아이가 크리스마스를 주제로 영어로 귀엽게 이야기하고 있었어요. 정확하진 않지만 "My excellent memory about Christmas is…" 이런 식으로 이야기했습니다. 이 역시 듣기에 자연스럽지는 않았죠. 영어로 'excellent memory'라고 하면 '멋진 추억'이 아니라 '뛰어난 암기력, 기억력'이 먼저 떠올랐거든요. 그냥 개별 단어를 사전에서 찾아 그대로 작문하고 외운 문장 같았어요.

일반적으로 복수형으로 'memories'라고 하는 편이 '추억'이라는 뜻에 더 가까운 것 같아요. 또 형용사 'excellent'를 앞에 붙이면 'memories'의 뜻은 더욱 '기억력, 암기력'에 가까워집니다. 어떤 대상을 평가했을 때 활용하는 빈도가 높은 형용사이기 때문이죠. 아예 기억력과는 궁합이 안 맞는 'sweet'를 쓰면 어떨까 싶어요. 'sweet memory'를 인터넷에 검색해보니 '달콤한 기억, 좋은 기억'이라는 뜻이 나오네요.

"아니 문법도 틀린 데가 없고 사전에서 뜻을 찾아 그대로 썼는데 뭐가 문제라는 거죠?"라고 따져 묻는다면 "Just because… (그냥…)"라고 말하고 'shrug(어깨를 으쓱하다)' 하는 정도로 답할 것 같긴 합니다. 언어라는 게 원래 그렇습니다. 단지 문법이나 사전의 지식만으로는 완전하게 설명할 수 없는, 너무 오랜 시간 많은 이들이 집단적으로 사용해온 습관의 결과물이니까요. 보다 더 자연스러운 영어를 추구하기 위해서는 굉장히 답답하고도 꼼꼼한 길을 가야 합니다.

알버트 슈바이처는 이렇게 말합니다.

"Happiness is nothing more than good health and a bad memory."

'행복은 건강과 나쁜 기억력에 불과하다.'라는 뜻이에요. 'bad memory'가 나쁜 기억이 아니라 나쁜 추억이라면 행복할 수 없겠죠?

다시 이야기의 원래 줄기로 돌아와서 이날 결국 이 영어유치원에서는 좋은 영어 환경을 제공할 수 없다는 것을 깨달았습니다. 속으로 '어이쿠야!' 하고 있는데 주변에 앉은 다른 학부모는

"우리 애도 '저렇게' 영어 잘하는 아이가 될 수 있을까?" 하고 기뻐하는 눈치였어요. 이에 호응하듯 원장님께서 마이크를 잡고 연신 "어머님들, 우리 아이도 저렇게(?) 될 수 있습니다!"라고 홍보하더라고요.

물론 완벽하지 않다고 해서 영어로 막 발화를 시작한 아이를 지적해서는 안 됩니다. 정확하지 않다고 입을 막으면 주눅이 들거나 영어를 싫어하게 될지 모르니까요. 하지만 '정확성'보다 줄줄 쉬지 않고 말하기만 하면 잘하는 것으로 쳐주는 애매한 'fluency(유창성)'를 추구하는 교육 현장이 좀 아쉽기는 합니다. 성인의 자기계발 영어도 큰 흐름은 거의 비슷하다고 생각합니다. 아름다운 발음과 유창함에 초점을 맞추고 있어요. 하지만 유려한 발음도 유창함도 '정확성'이 결여되면 무용지물입니다.

호주식 영어 발음이 곧 영국식 영어 발음일까요? 어린이용 영어 교재에 나오는 행복에 겨운 억양을 따라 하면 발음이 좋은 걸까요? (영어를 꼭 좋은 분위기에서 웃으면서 쓸 일만 있다는 환상은 버리세요. 영어는 관광용으로만 쓰이는 게 아니랍니다.) 정확한지 잘은 몰라도 말이 막힘없이 쏟아지면 유창한 걸까요?

외국에서 공부하고 귀국한 사람들이 넘쳐나는 시대입니다. 거창한 국제행사가 아니더라도 일상에서 영어가 필요한 일이 너무 많죠. 학창 시절의 대부분을 외국의 국제학교에서 보낸 동료 통역사가 이런 말을 하더라고요.

"아이를 영어유치원에 보낼까 했는데 영어유치원 웹사이트 에서부터 문법이 틀린 표현이 많아 망설여져요."

그런가 하면 최근 한 '엄마표 영어' 교재를 두고 SNS에서 "엉 터리 문장이 너무 많다."고 조목조목 비판한 글이 화제가 되기도 했습니다. 영어유치원도 그렇고 이런 책도 그렇고 학부모 입장 에서는 상당한 시간과 비용을 투자하는 겁니다. 영어공부에 공 을 들이기로 결정했다면 스스로 무엇을 기대하는지 선명하게 정 해놓고 방향을 맞추는 게 좋지 않을까요? 당신이 추구하는 영어 는 어떤 영어인가요?

네이티브는
쉬운 표현으로 말한다

Make it simple, but significant.
단순하게, 하지만 의미 있게.

_<매드맨> 중에서

2021년, 코로나19가 극심해지자 통번역을 업으로 삼고 있는 저의 삶도 큰 변화를 맞았습니다. 줌, 구글미트 등 비대면 회의 플랫폼을 활용해 집에서 업무를 하는 일이 많아졌습니다. 어쩌다 현장에 나가 통역을 하게 되면 전과 달리 자리마다 투명한 가림막이 놓여 있었고, 통역용 마이크에도 노래방에서나 보던 커버가 씌워져 있었습니다. 비말을 차단하기 위한 이런 가림막을 영어로 뭐라고 부르는지, 영어유치원에 다니고 있는 큰아이와 TV

나의 마지막 영어공부

를 보다가 배웠어요. 뉴스 화면에 비말 가림막이 나온 걸 보고
아이가 말했거든요.

"엄마! 유치원에서도 점심시간에 저런 'shield'를 써요."

점심시간에는 마스크를 벗어야 하니 책상에 비말 가림막을
놓고 밥을 먹는다고 하더라고요. 저는 '객실, 칸막이' 등을 뜻하
는 'compartment'와 같은 거창한 단어를 생각하고 있었는데,
유치원 원어민 선생님은 'shield'처럼 직관적이고 쉬운 단어를
쓴다지 뭐예요. 역시나 네이티브는 쉬운 표현을 쓴다던가요? 간
결하고 쉬운 문장을 구사하는 네이티브의 영어에 감탄할 때가
많습니다.

그럼 여기서 질문을 하나 드릴게요. 영어 단어 'field'를 아이
에게 영어로 설명한다면 뭐라고 하는 게 좋을까요? 어려운 단
어도 아닌데 머릿속이 복잡해질 것입니다. 아이의 영어유치원
에서 나눠준 단어공부 출력물을 보니 'field' 옆에 'open area'
라는 설명이 붙어 있더라고요. 별것 없죠? 유치원에 다니는 아
이들도 쉽게 이해할 수 있는 간결한 설명입니다.

유치원 영어에
주목해야 하는 이유

한때 영영사전을 활용해 공부하는 게 유행이었어요. 단어의 뜻을 영어로 숙지하기 위해서였죠. 어떤 개념에 대해 내가 아는 표현을 써서 설명할 줄 아는 능력은 굉장히 중요합니다. 종이사전을 많이 쓰던 시절의 공부법이지만 훈련처럼 하면 영어 표현력도 키울 수 있어요. 굳이 어려운 표현을 쓸 필요는 없습니다. 아이도 이해할 수 있는 쉬운 단어로도 얼마든지 소통은 가능하니까요. 평상시에 어떤 개념이나 단어를 영어로 설명하는 연습을 습관처럼 하면 언어 감각을 키울 수 있습니다.

어느 날, 아이가 제게 "엄마, 여우가 어떻게 우는지 알아요?" 하고 퀴즈를 내듯 물었습니다. 제가 "음, 몰라?" 하고 답하자, 아이는 "링딩딩딩!" 하는 소리를 들려줬어요. 처음에는 당황해서 여우는 그렇게 울지 않는다고 설명해줬는데, 알고 보니 노르웨이의 가수 겸 코미디언 듀오 일비스(Ylvis)의 노래 〈The Fox〉의 가사를 따라 부른 것이더라고요. 〈강남스타일〉처럼 코믹하면서 귀에 쏙쏙 박히는 댄스곡이었는데 유치원에서 들은 적이 있나 봐요.

What does the fox say?

Ring-ding-ding-ding-dingeringeding!

Gering-ding-ding-ding-dingeringeding!

Gering-ding-ding-ding-dingeringeding!

가사가 참 재미있죠? 그러다 문득 동물 울음소리 등 영어 의성어와 의태어를 정리해보면 좋겠다는 생각이 들었어요.

사람이 우는 소리: boohoo

개 짖는 소리: woof, bowwow

양이 우는 소리: baa

소가 우는 소리: moo

고양이 소리: miao

새가 지저귀는 소리: chirp, tweet

어린 시절을 영어권 국가에서 보냈거나 아주 어려서부터 영어를 배웠다면 문제가 없지만, 그렇지 않은 사람은 어린이가 사용하고 배우는 표현에 공백이 생기곤 합니다. 저 역시 마찬가지여서 아주 쉬운 단어나 표현을 모르는 일이 많아요. 실제로 몇 년 전에 은퇴한 NBA 농구스타의 한 내한 행사에서 통역을 맡은 적이 있는데요. 우리나라의 얼음땡 놀이와 비슷한 'tag game'이라는 말을 알아듣지 못해 당황한 기억이 있습니다.

이런 공백을 메우기 위해 저는 의도적으로 쉬운 영어 콘텐츠를 많이 접하고, 아이와의 대화에서 배우기 위해 노력합니다. 미국의 초등학교, 중학교 수준의 교과서는 눈에 보이는 대로 구입해서 틈틈이 읽고 공부해요. 단어만 암기하는 것이 아니라 영어적인 접근 방식을 배울 수 있어 얻는 점이 많습니다. 교과서의 경우 문장이 정말 빼어나다고 생각해요. 직관적으로 이해할 수 있는, 쉽고 완벽한 문장들로 이뤄져 있어서 시간만 된다면 모조리 외워버리고 싶을 정도예요.

뒤늦게 영어공부를 한다고 너무 두려워할 필요는 없습니다. 우연히 길을 걷다가 '우리 아이가 ○학년이라면 내년은 늦습니다!'라고 특정 학년의 학부모에게 겁을 주는 홍보용 문구를 본 적이 있어요. 동네 영어학원의 광고였죠. 저는 이렇게 공포심을 조장하는 마케팅을 보면 안타까운 마음이 듭니다. 저는 이런 말에 현혹되지 않지만 마음이 조급해진 누군가는 걱정이 앞서서 속을지 모르니까요. 어린 나이에 몰입해서(immersive), 직관적으로(intuitively) 언어를 흡수할 기회를 가지는 건 물론 중요합니다.

나의 마지막 영어공부

딱 이 시기에 배울 수 있는 게 따로 있으니까요. 하지만 공부에 늦은 때란 없어요.

당초 모든 영어유치원과 학원이 과연 그들이 말하는 대로 얼마나 네이티브에 가깝게 좋은 영어 환경을 구현했을지도 의문입니다. 한번은 (캐나다 원어민이라고 주장하는) 한국인 영어유치원 선생님의 인사말에서 이상한 위화감을 느꼈습니다. "I'm currently working in Korea."라고 말씀하시는데 'currently' 'working'의 발음이 너무 애써서 과하게 굴리는 느낌이었거든요. 굳이 말하자면 캐나다에 몇 년 살다 오셨을 수는 있지만 절대 원어민은 아니라고 생각했어요. 5~6살 아이들을 가르치는 일이니 굳이 원어민이 아니어도 상관없고, 일단 외모가 우리나라 사람이니 아이들도 낯을 덜 가린다는 장점은 이해가 되었어요. 그런데 왜 굳이 원어민 행세를 하는지는 모르겠더라고요.

또 한번은 영어유치원에 입학상담을 받으러 갔는데, 한국인 부원장님께서 이렇게 자랑하셨어요. "어머님, 우리 유치원 한국인 선생님은 명문 ○○대학교 아동영어과를 졸업하신 분이에요." 찾아보니 그 학교에 '아동영어과'라는 학과는 없었습니다. 사이버대학교 과정에는 있더라고요. 이 역시 교사의 학벌이 중요한 건 아니지만 사립 명문대학교라고 학부모를 속이는 건 다른 문제 아닌가요?

저도 영어를 갈고닦아 열심히 일해 돈을 벌고 있지만, 때로는 영어라는 'vanity market'이 너무 거품으로 가득 차 있다는 생각에 씁쓸합니다. 영어 교육기관을 찾을 때는 화려한 미사여구에 현혹되기보다 알찬 교육을 제공할 수 있는 곳인지 건조하고 예리한 시각으로 잘 찾아야 해요.

다른 이야기인데 '엄마가 통역사인데 왜 아이를 영어유치원에 보낸 건지' 의아해하는 분도 많을 것 같아요. 엄마가 직접 가르쳐도 될 텐데 말이죠. 당연히 집에서도 '엄마표 영어'로 아이가 관심 있어 하는 주제로 책을 읽고, 유튜브 동영상을 함께 보고, 영어로 이야기를 나누곤 합니다. 하지만 전 아이와 엄마 간의 1:1 소통이 아닌 다각도로 영어 소통이 '쏟아지는' 환경을 아이에게 제공하고 싶었어요. 정해진 커리큘럼에 따라 다양한 지식을 영어로 흡수하는 과정이 아이의 호기심을 자극하길 바랐습니다. 엄마로서 저는 선생님이라기보다는 '촉진자, 조력자(facilitator)'가 되고 싶어요.

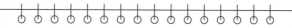

어쩌면 탈(脫)루틴, 완벽주의로부터 작별하기

Nobody's perfect, that's why pencils have erasers!
그 누구도 완벽하지 않아요. 그래서 연필엔 지우개가 달려 있죠!

_볼프강 리베

그 누구도 완벽하지 않습니다. 천하의 마이크로소프트 워드프로세서조차 완벽하지 않아요. 예를 들어 한영 번역작업을 위해 경북도청이 있는 도시 대구를 'Daegu'라고 번역하면 워드프로세서는 득달같이 빨간 줄을 그어대며 '작성자야, 세상에 그런 말은 없어. Diego로 바꾸는 건 어때?' 하고 엉뚱한 대안을 제시하죠. 역사가 깊은 대한민국 도시가 갑자기 스페인어권에서 온 남자로 다시 태어나는 순간입니다.

미국에서 온 워드프로세서도 이런데 한국에서 살고 있는 우리는 오죽하겠어요. 저도 그렇습니다. 20대엔 거의 모든 시간을 영어공부에 바치다시피 했는데, 그럼에도 불구하고 저의 영어는 완벽과는 거리가 멀어요. '외국어 완전 정복'이 불가능하다는 걸 머리로는 알면서도 완벽을 꿈꾸는 이카루스의 마음으로 살고 있습니다.

하지만 영어에 'Pick your battle(골라서 싸우라).'이라는 말이 있듯이 모든 일에 완벽을 기하기보다는 중요한 것만 취해서 집중하는 편이 훨씬 더 낫다고 생각해요. 저도 완벽의 함정에 빠진 적이 있어요. 모든 걸 알차게, 야무지게 하고 싶었기 때문이에요. 밝히기 부끄러운 이야기지만 고등학교 때 제 수학 문제집은 1단원 집합, 2단원 명제까지만 새까맣게 손때가 묻어 있었어요. 3단원부터는 거의 새책이었죠. 매번 '이번에는 필히 수학을 탄탄하게 짚고 넘어가리라!' 다짐할 때마다 바보처럼 첫 부분으로 돌아가서 공부하려 했기 때문이에요. 앞부분을 완벽히 '마스터' 할 때까지 진도를 나가지 않았어요. 차라리 그 시간에 특별히 어렵다고 생각한 삼각함수나 미적분부터 공부했다면 더 좋았을 텐데요.

매일 꾸준히
영어근육을 키우자

요즘은 블로그, 유튜브, SNS 공간에서 'incrementality(향상성)'를 추구하며 자기계발에 끊임없이 공을 들이는 분들이 많아 참 반갑습니다. 동기 부여에 도움이 되는 명언을 포스팅하거나 자신의 일과를 공유하는 분을 팔로우하며 저도 좋은 자극을 받곤 해요. 항상 일정한 시간에 (눈이 오나 비가 오나 바람이 부나) 일정한 분량의 공부나 운동을 하는 것, 즉 'routine(루틴)'을 통해 능력을 쌓는 것이 중요하다고 생각해요. 루틴을 통해 우리는 목표 달성의 길을 가로막는 나태함을 이겨낼 수 있습니다.

　루틴은 유창한 영어를 구사하기 위한 '영어근육'을 키우는 데 큰 도움이 됩니다. 예전에는 '아침형 인간'이라는 말이 널리 쓰였는데 요즘은 '미라클 모닝'이라는 말을 더 많이 쓰더라고요. 그런데 저는 이러한 루틴도 중요하지만 깨질 때 오는 슬럼프를 경계해야 한다고 생각해요. 이른바 '탈(脫)루틴'을 주장합니다. 루틴으로 삶을 차곡차곡 채워나가는 것도 의미가 있고 당연히 좋은 일입니다. 하지만 우리의 일상은, 그리고 인생은 좀 더 입체적입니다. 학생 시절에서 멀어질수록 더더욱 그렇죠. 학생 때는 공부를 한다, 좋은 성적을 낸다는 명백한 목적이 있기에 루틴을 공부할 시간으로 꽝꽝 박아놓기가 비교적 수월합니다. 하지만 직업으로 삼은 일이 있고, 돌봐야 할 가족이 있다면 어떨까요? 대부분의 시간이 온전한 내 것이 아닐 것입니다. 그런 상황에서 루틴에 집착하면 힘들어질 수 있어요. 루틴을 따르지 못해 오는 좌절감이 크다면 탈(脫)루틴을 권해드립니다.

쉽게 말해 루틴에서 벗어나 그냥 시간이 날 때 영어공부를 하는 거예요. 물론 루틴을 통해 반복적으로 지식이 차곡차곡 축적되는 과정은 값집니다. 그리고 마음이 복잡하고 속상할 때 루틴에 몰두함으로써 빠르게 힘든 상황을 극복하고 앞으로 나아가기도 합니다. 저는 이런 루틴의 힘을 무시하자는 것이 아닙니다. 다만 루틴이 제대로 작동될 수 없을 때, 루틴을 깨는 것이 불가피한 상황일 때 심적으로 타격을 받기보다는 유연하게 대처할 수 있어야 한다는 것입니다.

여러 변수에 유연하게 대처하고, 지킬 수 없는 계획은 과감하게 잊어버리고 다시 시작하는 편이 루틴을 지키다 스트레스를 받는 것보다 낫습니다. 하물며 컴퓨터 프로그램인 워드프로세서조차 완벽하지 않습니다. 처음부터 완벽하게 영어를 마스터하겠다는 각오로 공부를 시작하면 또 작심삼일이 될지 몰라요. 루틴

의 강박관념에서 벗어나 마음을 편안하게 먹고 영어공부의 첫발
을 떼보면 어떨까요?

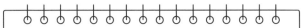

비슷한 듯 다른
한국어와 영어

He who laughs last didn't get the joke.
최후에 웃는 자는 무슨 농담인지 모르고 웃는 거야.

_샤를 드골

질문을 하나 드릴게요. 우리말로 '허리'는 영어로 'waist'이다. 맞을까요, 틀릴까요? 문제가 너무 쉽나요? 정답은 '맞지만 틀리기도 하다.'입니다. 우리나라 사람이 "나 허리가 너무 아파." 할 때 그 '허리'는 'lower back'이니까요. "My lower back pain is serious."라고 하면 허리가 너무 아프다는 말을 영어로 잘 전달한 것입니다. 그렇다면 목이 아플 때는 어떨까요? 우리말로는 둘 다 '목'인데 "I have a stiff neck."이면 정형외과에 가야 하고,

"I have a sore throat."이면 이비인후과에 가야 합니다. 영어로 말을 하면 이렇게 은근히 헷갈리는 부분이 많아요.

이렇듯 우리말과 관점 혹은 인식이 다른 부분에 대해서는 표현을 접할 때마다 유념하고 꼼꼼하게 외워서 정확하게 말할 수 있도록 해야 합니다. 영어가 너무 어렵게 느껴지시나요? 이와 반대로 '사람들 생각하는 건 다 똑같구나.' 싶은 경우도 있으니 안심하세요. 예를 들어 '흉측한 물건'을 뜻하는 'Eyesore'라는 표현이 그렇습니다. 눈(eye)과 아픈(sore)이 결합된 단어인데, 얼마나 흉하면 눈이 아플 정도라는 걸까요? '(정신이 번쩍 들도록) 엄청난, 놀라운'이라는 의미를 가진 'mind-boggling'이라는 말도 재미있어요. 너무 놀라서 마음이 보글보글 끓어오르는 것 같은 어감이죠.

적극적으로 나서지 않고 잠자코 지켜볼 때, 우리나라에서는 "뒷짐을 지고 있다."라고 말하잖아요? 영어에서는 "Seat back and watch(물러앉아 지켜본다)."라고 합니다. 이건 한자어인 '좌시(坐視)' 하고 거의 직역처럼 내용이 통하죠. 밤에 "푹 자."라고 인사하고 싶을 땐 "Sleep tight."라고 하면 됩니다. 저는 이 'tight'가 왜 푹 잔다는 표현에 쓰일까 잠시 고민했어요. 그리고 우리말에서 가장 비슷한 표현을 생각해냈습니다. 경상도 사투리에서 말하는 '단디(단단히)'가 바로 이 'tight' 하고 뜻이 통하지 않나요? 단단히 먹고, 단단히 입는 것은 '빈틈없이, 제대로' 먹고 입는다는 뜻이잖아요. 즉 빈틈없이 '타이트하게' 자라는 말은 곧 푹 자라는 뜻인 거죠.

가깝고도 먼
한국어와 영어

아이들을 데리고 영국의 유아용 TV프로그램 〈페파 피그〉를 보다가 표현이 재미있어 기억에 남았던 부분이 있습니다. 페파의 가족이 프랑스 여행을 갔다 오는데요. 기념품을 사서 할아버지 '그랜파 피그'에게 드려요. 그러자 할아버지가 "You really shouldn't have."라고 합니다. 우리말로 옮기면 "정말 안 이래도 되는데." "뭘 이런 걸 다."라고 말한 거예요. 어쩐지 영어권에서는 이런 식으로 말하지 않고 쿨하게 "Thank you." 하고 받을 것 같았거든요.

한국어와 영어, 두 언어 간의 비슷한 점과 다른 점을 보면 문화권에 따라 생각이 같은 부분이 있고, 다른 부분도 있다는 걸 알 수 있어 재미있습니다. 그런데 사람들이 그러하듯 언어도 끊임없이 상호작용하고 서로 영향을 받아요. 옥스퍼드 영어사전에 등재된 한국어 단어가 대표적인 예입니다. 'K-pop' 'K-fashion' 'K-beauty' 등 세계인이 열광하는 한국적인 분야의 경우 깔끔하게 접두사 'K'를 붙여 설명해줍니다. 사실상 '정통 영어', 즉 영국과 미국의 영어에 굳이 집착할 필요가 없어진 게 아닐까 싶어요. 영어권에 한정되지 않고 다양한 문화로부터 빠른 속도로 새로운 어휘를 흡수하고 있으니까요.

반찬(banchan), 동치미(dongchimi)와 같은 'K-food' 단어들은 물론이고, 오빠(oppa), 애교(aegyo)와 같은 단어도 등재되었다고 합니다. 지금까지 우리말이 그대로 영어로 통용되는 경우는 주로 북한과 관련된 표현이고 딱히 좋은 맥락에서 쓰이지는 않았어요. 예를 들어 주체사상을 영어로 그대로 옮기면 'Juche'라고 하는데 옥스퍼드 영어사전에서는 이렇게 설명합니다.

'Juche is the official ideology of the DPRK that teaches self-reliance, believing this will lead to true socialism.'

(주체란 북한의 공식 이데올로기로 자립을 통해 진정한 사회주의를 실현할 수 있다고 믿는 사상이다.)

그런데 이제는 한류의 인기를 등에 업고 우리나라 단어가 외국에 퍼지고 있어요.

이러한 단어뿐만 아니라, 사람들의 정서도 비슷비슷하게 통하는 데가 있습니다. 저는 농담과 무서운 이야기는 언어권에 따라 정서가 많이 달라서 잘 통하지 않는다고 생각해 왔는데요. 꼭 그렇지만은 않더라고요.

얼마 전, 집에서 원격으로 통역 플랫폼에 접속해 동시통역을 하는 RSI(Remote Simultaneous Interpretation)를 하며 생긴 일입니다. 그날따라 주최 측인 외국계 제약회사 쪽에서 음향이 많이 안 좋았어요. 회의 시작에 앞서 사운드 테스트를 하는데 가끔씩 귀를 찢을 듯한 높은 고음이 들렸습니다. 아마도 고객사에서 무심코 마이크를 스피커 쪽으로 향하게 돼서 나는 소리 같았죠. 연이어 몇 번이나 헤드셋을 통해 소음이 귀에 꽂히니 괴로웠어요. 원격으로 통역을 할 때는 음향 엔지니어와도 채팅으로 소통을 합니다. 저는 채팅창에 이렇게 남겼어요.

'Oh my ears. I just hope the event is worth damaging my hearing.'

(아이고, 귀 아파라. 청력이 상해도 아깝지 않을 좋은 회의이길.)

팬데믹이 시작된 지도 이미 꽤 되었고, 통역을 원격으로 한 지도 벌써 수년째입니다. 그래서 외국에서 진행되는 콘퍼런스도 원격으로 진행하는 경우가 많았어요. 음향 엔지니어분들 역시 우리나라 사람이 아니에요. 직접 만난 적은 없지만 몇 년간 반복해서 여러 번 일한 경험이 있어서 친근한 동료 같은 사이였죠. 시시때때로 귀를 찢는 소리가 들리니 음향을 책임지는 음향 엔지니어도 한껏 신경이 곤두선 상태였습니다. 약간의 농담으로 분위기를 풀고 싶었어요. 다행히 별것 아닌 농담이 먹혔나 봅니다. 엔지니어도 "LOL :)"이라고 화답해줬거든요. 'LOL(Laugh Out Loud)'은 한국어로 치면 'ㅋㅋㅋ' 정도로 해석됩니다.

농담에는 엄청난 재치도, 뛰어난 영어 실력도 필요하지 않아요. 영어로 농담을 하기 위해 필요한 건 마음의 여유라고 생각해요. 저는 통역사 동료들과 만나면 "통역사 일을 하면 할수록 영어를 못해지는 것 같다."라고 푸념하곤 합니다. 실제로 그렇게 느껴요. 열심히 일을 하는 것만으로도 저절로 영어에 노출이 되는데도요. 왜 그럴까 골똘히 생각해보니 보통의 언어 구사력은 'intuitive(직관적인)' 발화가 크게 중요한데, 통역사라는 직업은 다른 사람의 언어를 끝없이 분석해야 하는 일이잖아요? 그러다 보니 순수한 내 생각을 술술 말하는 게 오히려 점점 어색해지는 것 같더라고요.

근육을 키우기 위해서는 열심히 유산소 운동, 무산소 운동만
할 게 아니라 정리 운동(cool-down)을 통해 긴장한 근육을 잘 풀
어줘야 합니다. 영어근육도 마찬가지죠. 그래서 통역사로 몇 년
일한 후에는 좀 더 편안한 구어체 영어를 따로 신경 써서 공부하
기 시작했어요. 공부보다 중요한 건 마음가짐을 바꾸는 것이었
죠. 좀 더 편안하게, 실수해도 괜찮다고 스스로를 다독였어요. 이
제는 외국인 동료, 고객과 좀 더 편안하게 대화할 수 있게 되었
습니다. 뻣뻣하게 긴장한 자세에서 조금은 벗어나 'small talk'
'ice-breaking'도 어느 정도 할 수 있게 되었어요.

나의 마지막 영어공부

욕망한다, 그러나 나는 만족한다

Desidero sed satisfacio.
욕망한다. 그러나 나는 만족한다.

_한동일, 『라틴어 수업』

보통 통역 '성수기'를 봄과 가을이라고 말합니다. 그때쯤 국제회의가 많이 열리기 때문이죠. 한창 바쁘고 정신없던 2017년 가을, 제 마음에 큰 울림을 준 책이 있습니다. 바로 한동일 교수님의 『라틴어 수업』입니다. 이 책은 라틴어에 대한 이야기인 동시에 한동일 교수님의 바티칸 유학시절을 다루고 있습니다. 유학 생활의 고독함과 한없이 고결할 것 같은 신부님께서 스스로 후회하는 것, 잘못한 것에 대해 담담히 써내려간 책입니다. 라틴어 지식과 함께 겸허함을 가르쳐주는 것 같았어요. 이 책에서 제가 가장 마음에 들었던 문장이 있습니다.

'Desidero sed satisfacio.'

(욕망한다. 그러나 나는 만족한다.)

재미있게도 '이러고 싶어서' 문장이 마음에 쏙 들어왔던 건 아닙니다. 저는 제가 이미 이런 삶을 잘 살고 있다고 생각해요. "바라는 게 뭐야?"라는 질문을 받는다면 당장 원하는 걸 줄줄 읊을 수 있습니다. 더 좋은 집, 더 많은 돈, 더 예쁘고 날씬한 외모, 더 출중한 실력 등을요. 그런 한편으로 제가 처한 상황, 제가 가진 것에 대해 제법 만족합니다. 통역 일은 같은 일을 반복하지 않아도 되니 자유를 갈망하는 기질과 잘 맞고, 결혼해서 아이들을 낳아 가족을 꾸린 것도 자랑스러워요. 큰 부자는 아니지만 때때로 여행을 다니고, 책을 사서 읽을 수 있으니 감사합니다.

그런데 왜 영어 실력에 대해서는 '만족'이 잘 안 될까요? 속상했어요. 제 삶이 그래요. 언제부터인가 영어를 잘하는 게 당연해졌습니다. 영어를 잘해서 기분이 좋고 성취감을 느끼는 게 아니라, 잘하는 게 기본이니 부족한 부분이 보이면 속상한 거예요.

부족함을 인정하되
위축되거나 포기하지 말자

학부 시절에 저는 영어통번역학을 전공했습니다. 모교인 한
국외국어대학교의 영어통번역학과는 현재 EICC학과로 이름
을 바꿨어요. 'English for International Conferences and
Communication'을 뜻한다고 합니다.

저는 대학에서 외국에 오래 살았던 동기들과 함께 공부하며
많은 것을 배울 수 있었습니다. 그저 영어만 공부하는 학과였다
면 그렇지 않았을 것 같아요. 하지만 통번역을 공부하는 학과였
기에 한국어 또한 유려해야 했죠. 해외에서 길게 거주한 친구들
은 제 매끄러운 한국어를, 저는 그들의 유창한 영어를 원했으니
같이 통번역 스터디를 하기 아주 좋았습니다. 소위 'win-win'이
었던 거예요.

그런데 캐나다에서 대학을 다녔던 저보다 몇 살 많은 동기
언니가 있었는데, 통역이나 회화 수업을 같이 듣는 날에는 마음
이 참 불편했어요. 솔직히 말해 위축된 것이죠. 한번은 수업 중에
'살구'라는 말을 해야 했습니다. 정확히 무슨 주제였기에 살구를
말해야 했는지는 기억이 나지 않아요. '살구가 뭐더라?' 하고 전

자사전을 꺼내는 제게 언니가 눈을 동그랗게 뜨고 강의실에 다 들리도록 크게 말했습니다.

"아니 통역대학원을 가겠다는 애가 'apricot'를 몰라?"

정말 부끄러웠습니다. 한국에서 학교를 다닌 저는 살구라는 단어와 딱히 '만날' 일이 없었어요. 저도 왜 그런 건지는 몰라요. 어쩌면 그 단어를 접했지만 대수롭지 않게 생각해서 잊어버렸겠죠. 사실 복숭아, 자두에 비해 살구는 일상에서 먹어볼 일이 적은 편 아닌가요? 많이 부끄럽고, 사람들 앞에서 '통역대학원을 가겠다는 애'라고 떠드니 솔직히 짜증도 났습니다.

시간이 거의 20년 정도 흐른 지금 생각해보면 다른 이들을 깎아내리던 언니의 날선 태도는 마음에 상처가 많아서 방어적으로 튀어나온 게 아니었을까 싶어요. 언니는 캐나다에서 유학을 하다 사정이 생겨 어쩔 수 없이 학업을 접고 한국에 돌아왔다고 하더라고요. 그때는 언니도, 저도 어렸으니 이제는 너그럽게 이해할 수 있어요.

운이 많이 좋았는지 저는 대학교를 졸업하고 곧바로 통역대학원에 입학할 수 있었습니다. 사람들이 말하는 'beginner's luck(초심자의 행운)'이 따랐던 거죠. 대학원 1학년 1학기 때, 저는 이문동 작은 캠퍼스에서 우연히 다시 그 언니와 마주쳤어요. 불편지만 그래도 인사는 해야지 싶어 말을 거는 제게 언니는 "난 교육대학원에 진학했어. 넌 그 어렵다는 통역대학원에 가서 아주 콧대가 높겠구나?"라고 쏘아붙이듯 말했습니다. 그때는 높은 경쟁률을 뚫고 소기의 목적을 달성했다는 생각에 더 이상 언니의 말에 상처를 받지는 않았어요.

누군가를 깎아내리고 내게 상처 주는 이들의 마음은 과연 편할까요? 상처가 있는 사람이 다른 사람에게 상처를 주는 법입니다. 이런 이들에게 위축되지 말고 우리는 그냥 우리의 길을 가면 됩니다. 일단 내가 영어를 '말하고 들을 수 있는' 수준까지 다다를 수 있도록 영어공부에 정진해보면 어떨까요?

한국에서 고등학교 3학년까지 영어를 배웠다면 어지간한 수준까지는 완성된 셈입니다. 수능 외국어 영역의 지문을 보세요. 지문이 '콩글리시'다, 변별력이 없다 안 좋은 뉴스가 거의 매년 나옵니다. 하지만 이 정도 수준의 말이 내 입에서 술술 나온다면 어떨까요? 여행에 가서는 물론이고 회사 업무를 처리하는 데 큰 도움이 될 것입니다. 비즈니스에서 자주 쓰는 용어로 '단어만 바꿔 끼우면' 토익 지문과도 크게 다르지 않습니다.

지금까지 배운 영어를 부정하지 마세요. 같은 의미에서 저는 '한국식'으로 영문법을 공부하면 소용없다는 말도 믿지 않습니다. 문법이 탄탄하면 내 입에서 나오는, 내 손으로 쓰는 문장에 뼈대가 생깁니다. 아는 단어를 주섬주섬 이어 붙여도 원어민들은 대략 다 알아듣지만 이게 우리가 원하는 영어 실력자의 모습은 아니잖아요?

물론 한국에서 가르치는 영문법과 원어민이 배우는 영문법은 분명 다릅니다. 어떤 이들은 "난 한국 교재는 안 보고 외국 교재만 봐."라고 자신만만하게 얘기하기도 하죠. 그런데 한국인이 어려워하는 문법과 원어민이 어려워하는 문법은 많이 다릅니다. 예를 들어 문자로 된 영어를 접하기 전에 이미 입에 붙도록 영어를 접하고 직관적으로 말하는 원어민 입장에서는 'There'가 들어갈 자리인지 'Their'가 들어갈 자리인지를 헷갈린다고 해요. 하지만 문자로 된 영어를 주로 접한 한국인은 이런 걸 어려워하지 않습니다. 구글에서 검색해보면 'Alright or all right, which is correct?('alright'과 'all right' 어느 쪽이 맞나요?)' 하는 질문도 쉽게 보입니다. 'all right'를 발음대로 쓴 잘못된 표기였던 'alright'이 이제는 캐주얼한 표현으로 어느 정도는 인정을 받는 것 같아요. 하지만 그 시작은 'all right'을 잘못 쓴 표현이었습니다. 이런

나의 마지막 영어공부

게 영어권에서는 성인조차 헷갈려하는 표현이라니. 외국어로 영어를 배운 우리들과는 확실히 어려워하는 부분이 다르죠?

한국 사람이 취약한 부분은 한국 문법책에 잘 나와 있습니다. 과거임을 명시한 'yesterday' 'in the past'와 같은 표현이 들어간 문장에서는 현재완료형을 쓰지 않는다거나, 주어의 단복수를 맞춘다거나 하는 수능에 단골로 출제되었던 문법 문제를 보면 딱 한국인이 취약한 부분입니다.

나의 부족한 부분을 알아보고 인정하면서도 위축되거나 포기하지 않고 또 자신감도 가지고 꾸준히 배운다면 분명 영어를 잘하는 때가 올 것입니다. 우리 모두 끝까지 포기하지 말자고요.

내향적이어도
괜찮아

Extroverts are overrated.
외향인은 과대평가되었다.

여러분이 영어를 군이 좋아할 필요는 없어요. 영어는 그저 적절하게 내 인생에 써먹으면 되는 겁니다. 이 책이 '언어덕후'로서 영어에 대한 애정을 절절하게 고백하는 것처럼 보였다면 미안합니다. 꼭 활발하고 진취적으로 영어 하나에만 매달릴 필요는 없어요.

이게 갑자기 무슨 이야기냐고요? 요즘 유행하는 MBTI와 연결 지어 보면 E유형, 그러니까 'extrovert(외향인)'가 아니어도 괜찮다는 뜻이에요. 외향인은 과대평가되어 있다고 생각해요. 언어공부에 강조되는 덕목은 주로 씩씩할 것, 사람들과의 사교를 즐기고 소통을 중시할 것, 세상만사에 호기심이 많을 것 등 대개 외향성의 특징과 잘 들어맞습니다. 실제로 공부법뿐만 아니라 스피킹 시험 또한 대부분 외향인에게 더 적합한 문제가 나오는데요.

"식당에서 특별한 경험을 한 적이 있나요? 그 경험에 대해 상세히 말해보고, 무엇이 그 경험을 기억에 남게 만들었는지 말해보세요."

"당신이 어려서 방문했던 여행지는 어떤 모습이었나요? 요즘의 여행지와 무엇이 어떻게 다른지 상세히 설명해주세요."

영어 말하기 시험의 예제입니다. 저희 남편은 수학을 국어, 영어보다 훨씬 좋아했던 이과생 출신입니다. 컴퓨터공학을 전공했고, 성격도 과묵하고 무덤덤한 내향인에 가까워요. 그런 남편이 스피킹 시험을 준비하는 과정은 옆에서 지켜보기에도 꽤나 곤혹스러웠어요. 수학에 딱히 관심이 없고 외향인인 저에게 누군가 수학 인증시험을 쳐서 점수를 제출하라고 하면 남편과 비숫한 심경이었을 거예요. 그리고 앞의 예제를 보면, 솔직히 한국어로 답을 해보라고 해도 남편은 딱히 할 말이 없을 것 같아요. 결국 남편은 없던 일을 억지로 머릿속으로 짜내서 답을 해야 했죠. 개인의 실력이라기보다는 성향의 문제라는 겁니다.

남편은 회사에서 외국인 엔지니어, 컨설턴트와 일할 때 영어로 소통하는 데 큰 문제가 없었다고 해요. 그런데 좋아하는 음식, 기억에 남는 추억, 여가 생활을 영어로 길게 설명하는 걸로 (실무에 필요한) 영어 실력을 증명해야 했죠.

그러던 어느 날이었어요. 온 가족이 모여 앉아 저녁을 먹으며 이야기를 나누다가 제가 접두사(prefix)와 접미사(suffix)를 헷갈리는 실수를 합니다.

"suffix가 접두사니까…" 하는데 남편이 기회를 놓치지 않습니다. "실망이다. 통역사 맞아? suffix는 접미사고 prefix가 접두사야! 진짜 큰 실망을 안기시네." 하고 장난스럽게 말하더라고요. 그렇습니다. 'prefix' 'suffix'는 프로그래밍에서도 많이 쓰이는 말이라고 해요. 컴퓨터 프로그래밍에서도 'linguistics(언어학)'과 마찬가지로 'semantics(의미론)' 'syntax(구문론)'이라는 말을 사용하는 걸 보면 완전히 달라 보이는 두 분야에도 어느 정도 서로 통하는 데가 있는 것 같더라고요.

내성적이어도,
이과생이어도 괜찮아

저는 평소 통역 분야와 관련 있는 기업이나 매체의 SNS 계정을 팔로우하고 살펴보는데요. 최근에는 개발자 멘토링 프로그램을 자주 포스팅하는 국내 모 IT기업의 인스타그램 계정을 통해 새로운 'insight(인사이트)'를 얻을 수 있었습니다. 요즘 각광받는 개발자를 꿈꾸는 학생들을 위해 현직 개발자를 인터뷰한 내용이었어요. 개발자라는 직업 역시 프로그래밍 '언어'를 다루는 직업이라는 점에서 언어공부와도 연결 지어 생각할 만한 부분이 있더라고요.

"한 언어에 집중하는 것과 여러 언어를 공부하는 것 중에 어떤 것이 더 좋은가?" 하는 질문에 현직 개발자는 "한 언어에 집중하라. 프로그래밍 언어는 결국 사람이 생각하는 대로 컴퓨터가 동작하도록 하는 도구다. 한 언어를 깊게 공부하면 다른 언어도 이해하기 쉽고 자유롭게 쓸 수 있다."라고 답하더라고요.

외국어공부도 마찬가지죠. 영어도 하고 싶고, 프랑스어도 하고 싶고, 이탈리아어도 조금 하고 싶다고 해서 동시에 여러 언어를 공부하는 건 욕심이라고 생각해요. 먼저 자신 있는 언어를 하나 확실하게 만들어놓는 게 활용하기가 훨씬 좋아요.

"취업 전에 어떤 방식으로 공부했나?" 하는 질문에 현직 개발자는 "책 한 권을 천천히 읽으면서 예제 소스코드를 작성했다. 이렇게 하면 감을 익힐 수 있다. 본격적으로 프로그래밍 언어를 공부할 때 가장 좋은 방법은 프로젝트 참여 경험이다."라고 답했습니다.

이 역시 영어공부와 동일한 방법이라는 생각이 들었어요. 영어 노출을 늘리기 위한 게 아니라면 책을 수십 권씩 읽을 필요는 없어요. 책 10권을 읽고 머리에 아무것도 남지 않는 것보다는 1~2권을 읽더라도 천천히 내 것으로 만드는 편이 좋습니다. 개발자가 예제 소스코드를 작성해보듯이, 외국어 학습자는 단어를 자기 나름대로 치환하며 자신만의 예문을 여러 번 작성해볼 필요가 있어요. 또 개발자가 프로젝트에 참여해 직접 일을 경험하듯이, 외국어 학습자도 가급적 그 언어를 사용하는 환경에 노출되는 것이 좋습니다. TV, 컴퓨터 속 영어에서 벗어나 도처에서 영어가 들리는 영어권 환경에 노출되면 영어를 훨씬 효율적으로 공부할 수 있어요.

"취업하기 위해서 자료 구조, 알고리즘 역량은 어느 정도 되어야 하나?" 하는 질문도 있었어요. 현직 개발자의 대답은 "정렬,

그래프, 트리, DP 등 학부 시절에 배우는 알고리즘과 자료 구조면 충분하다. 알고리즘 역량은 개념만 이해하면 비슷한 문제에 계속 적용할 수 있기 때문에 수학 문제를 풀듯이 문제를 많이 풀어보는 게 좋다."였어요.

이 답변은 영어 인증시험이나 수능 외국어 영역의 문제풀이, 특히 문법 문제에 대입해볼 수 있을 것 같아요. 저는 항상 '수능 영어' 수준이면 충분하다고 이야기해요. 수능 영어 수준의 문장 구조에서 단어만 관련 분야로 바꿔 끼우면 전문적인 내용을 완결성 있는 형식으로 전달할 수 있습니다. 문제는 수능 영어의 경우 지문의 길이가 실무에서 쓰는 영어보다 지나치게 짧다는 데 있습니다. 수능 외국어 영역에서 좋은 성과를 얻기 위해 영어공부를 한 사람들은 대개 주어진 지문의 길이가 수능 영어의 지문보다 길어지기 시작하면 집중력이 흐트러지고 해석이 잘되지 않습니다. 딱 그 정도 길이까지만 집중해서 읽도록 습관이 굳은 탓이죠. 이 부분은 긴 지문을 자주 접하면 생각보다 빠르게 극복할 수 있어요.

문법 문제의 경우 앞에서도 이야기했지만 '한국 사람이 자주 틀리는' 문제 유형은 정해져 있어요. 한국 사람이 자주 틀리는 문법은 한국 문법책과 문제집에 다 있으니 문제를 최대한 많이 풀면서 그러한 유형은 가급적 다 외우는 게 좋아요.

평상시에 굳이 말을 길게 늘어놓지 않는 내성적인 성격이어도 괜찮습니다. 글을 읽고 이해하는 것보다 주어진 문제를 해결하는 데 강한 이과형 사람이어도 괜찮아요. 프로그래밍과는 무관한 전혀 다른 영역에 종사한다고 하더라도 결국 상대방(상사든, 거래처든, 컨설턴트든)이 내 뜻을 이해하게 만들어야 하는 건 비슷하다고 생각해요. 당연히 '영어'를 매개로 의사소통을 하는 영어 공부도 그 궤를 달리하지 않고요. 꾸준함만 있다면 그 무엇도 여러분을 방해하지 못할 것입니다.

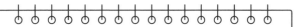

탄탄한 기본기, 그리고 화려한 필살기

Excellence is not a skill. It is an attitude.
탁월함은 기술이 아니라 태도다.

_랄프 마스턴

집에 앉아서도 CNN을 시청할 수 있고 넷플릭스와 같은 OTT로 무수히 많은 영어권 드라마와 영화, TV프로그램을 접할 수 있지만 막상 퇴근하고 나면 영어공부에 시간을 할애하기가 쉽지 않습니다. 일상을 돌아보면 TV는 고사하고 책을 읽을 여유도 없는 경우가 많죠. 저 역시 며칠씩 헤드셋을 착용하고 동시통역을 하고 집에 돌아온 날이면 말 그대로 귀를 쉬게 하고 싶어서 '영어'를 멀리하곤 합니다.

그러다 모처럼 시간이 생겨 유튜브 'EBS 비즈니스 리뷰' 채널의 〈그들은 어떻게 레전드가 되었나〉를 보게 되었는데요. 축구 레전드를 소개하는 다큐멘터리였는데 정말 눈이 번쩍 뜨였습니다. 성패를 가르는 결정적인 요인은 '자신만의 무기', 그러니까 누구도 대체할 수 없는 자신만의 특징과 강점에 있다는 것입니다. 한국 축구의 영웅이라 할 수 있는 차범근, 박지성, 손흥민은 모두 확실한 자신만의 무기가 있었다는 것이죠. 진행자는 개인의 능력(스피드, 슈팅, 수비력, 드리블, 팀워크)을 항목별로 나눠서 표시한 오각형 차트를 보여주며 이렇게 이야기합니다.

"여기서 하나만큼은 뾰족한 선수가 되어야 합니다. 모든 분야를 고르게 조금씩 잘하는 선수와 어느 한 분야를 특별히 잘하는 선수가 있다면 여러분은 어떤 선수를 (최고로) 뽑겠어요?"

고르게 잘하는 것도 중요하지만 어느 한 곳이 '뾰족한' 부분이 있어야 성공할 수 있다고 강조한 것입니다. 다큐멘터리의 내용을 요약하면 '확실한 자기 무기가 있어야 특별해지고, 이렇게 특별해진 사람이 성공할 수 있다.'였어요. 저는 이걸 영어공부에 대입시켜봤습니다.

영어 필살기가
필요한 이유

사람들이 영어공부를 통해 이루고자 하는 목표는 다양합니다. 여행에 가서 활용하기, 입시나 취업에 필요한 점수 만들기, 승진 요건 충족하기, 외국 거래처와 원활히 소통하기 등 저마다 다양한 목표를 가지고 영어공부를 시작했을 겁니다. 축구를 잘하는 데 필요한 능력이 스피드, 슈팅, 수비력, 드리블, 팀워크 다섯 가지라면 영어는 크게 말하기, 듣기, 읽기, 쓰기 이렇게 네 가지 요소로 구분됩니다. 목표가 무엇이든 일단 어느 한 항목도 0점이어선 안 되겠죠? 처음에는 이 네 가지 요소를 모두 어느 정도 수준까지 올려놓아야 합니다. 특히 입문자일수록 이 4개 항목은 비슷한 수준으로 함께 발전하게 됩니다.

그러다가 어느 수준 이상으로 올라가면 벽에 부딪히게 되는데요. 함께 골고루 자라던 4개 항목은 내가 '받아들이는(input)' 듣기와 읽기, 그리고 내가 '생성하는(output)' 말하기와 쓰기로 구분되어 따로따로 발전하게 됩니다. 독해는 쑥쑥 늘고 얼추 다 알아듣겠는데 정작 말을 하자니 입이 떨어지지 않는다거나, 내 생각을 말로 표현하는 데는 문제가 없는데 복잡한 문어체 글은 해석하지 못하는 경우가 발생하죠.

저는 진짜 높은 수준으로 올라가기 위해서는 자신만의 '영어 필살기'가 있어야 한다는 생각합니다. 영어 필살기는 꼭 말하기, 듣기, 읽기, 쓰기 이렇게 큰 범주일 필요는 없어요. 아주 구체적인 무언가가 될 수도 있습니다. 어떤 매우 세부적인 장점 하나만 특출나다면 자신감을 갖고 다른 영역까지 함께 발전시킬 수 있으니까요.

예를 들어 외국에 나가지 않고 한국에서만 공부했지만 영문법만큼은 탁월한 사람, 외국 법정드라마를 좋아해 법률 영어만큼은 자신 있는 사람, 꼭 영어와 관련이 없더라도 깊은 바리톤 목소리를 가진 덕분에 멋진 발성을 가진 사람 등 저마다 장점 하나씩은 있기 마련입니다. 이러한 장점에 집중할 필요가 있어요. 다른 이들이 나를 아무리 깎아내려도, 스스로가 한없이 초라하고 작아지는 날에도 내가 가진 장점에 집중하면 긍정적인 마음으로 회복탄력성을 키울 수 있습니다.

쉽게 말해 나 자신이 '무엇을' 잘하는지 파악하고 있으면, 어려움에 부딪혔을 때 이것이 든든한 '믿는 구석'이 된다는 것입니다. 저의 경우 첫 '믿는 구석'은 시사상식이었던 것 같습니다. 통역사가 되고 싶은 건지 기자가 되고 싶은 건지 마음을 정하지 못해 늘 두 마리 토끼를 잡기 위해 분주하던 학부 시절, 저는 소위 '언론고시'를 준비하는 친구들과 시사상식 스터디를 했어요. 두꺼운 시사상식 책을 사서 매주 범위를 정해 공부하고, 맡은 부분을 좀 더 자세히 조사해서 발표하고, 마지막엔 준비를 잘했나 서로가 낸 문제를 풀어보는 퀴즈를 풀었습니다.

"김일성 생일은 언제죠?"와 같은 시험에 출제될 일 없는 단순 암기형 문제를 잔뜩 준비해 날선 말투로 공격하는 스터디원도 있었던 기억이 납니다. '기죽이기' 전술로 잠재적인 경쟁자를 한 명이라도 없애보자는 심보였을까요? 저는 참여하지 않았지만 언론사 작문시험을 준비하는 스터디의 경우 글을 칼처럼 무섭게 비판하거나 무례하게 인신공격을 하는 사람도 있다고 들었어요. 학부생 시절을 돌아보면 이렇게 '같은 꿈'을 꾸는 사람들끼리 모이면 서로에게 더 잔인해질 때가 많은 것 같아요. 서로 너무 친해져서 유야무야 친목 모임이 되어도 안 되지만요.

어쨌거나 언론고시를 준비하고, 한편으로 정치외교학을 부전공으로 선택해 관련 분야를 공부하다 보니 나름 세상 돌아가는 일에는 눈이 밝은 편이었습니다. 제가 대학교 3~4학년이던 무렵, 전 세계는 이라크전으로 떠들썩했어요. 뉴스를 틀어도 이라크전 소식으로 가득했고, 통역 수업시간에도 아들 부시 대통령의 연설문을 다루곤 했습니다.

어느 날, 영한 통역 교수님께서 연설문의 한 부분을 읽고 한국어로 통역해보라며 제 친구를 지목했어요. 주로 이라크전에 대해 이야기하며 중동 지역의 현황을 일일이 언급하는 구조의 연설이었습니다.

통역을 한 동기는 외국에서 몇 년 거주한 경험이 있어서 영어를 유창하게 말하는 친구였어요. 영어 실력만 놓고 보면, 저와는 비교도 안 되게 잘하는 친구였습니다. 그런데 발표를 들은 교수님은 "지금 어디가 잘못 전달되었죠?"라고 학생들에게 되물었고, 저는 조심스럽게 손을 들었습니다.

"원문에서는 'crude oil(크루드 오일)'의 이야기가 나오면서 이라크전 발생으로 인해 국제 유가에 잠재적으로 미칠 영향에 대해 말하는데, 'crude'를 'Kurd(쿠르드족)'으로 잘못 들은 것 같습니다."

정답이었죠. 보잘것없는 일화지만 '어쩌면 나는 언론인보다 통역사의 길을 걷는 게 맞지 않을까?' 하고 생각하게 된 날이었어요. 이건 영어 실력의 문제가 아니었어요, 그저 제가 아는 내용

나의 마지막 영어공부

이었기 때문에 좀 더 친절하게 단어가 귀에 확실하게 들어왔을 뿐이에요. 여러분이 가진 무기는 무엇인가요? 기본기를 탄탄하게 쌓았다면 꼭 자신만의 '영어 필살기'를 찾으시기 바랍니다.

PART 2

덕질로 시작하는
영어공부

'언어덕후'는
아니지만 덕질 영어!

Eat sweet, talk sweet!
달콤한 걸 먹고 달콤한 말을 해요!

_터키 속담

솔직하게 고백하면 저는 언어에 재능 있는 스타일은 아닙니다. 학창 시절 제 꿈은 역사나 고고학, 고고미술사학과 같은 인문학을 공부해서 학자가 되는 것이었죠. 그런데 그냥 문과생이기도 하고 수능 점수에 맞춰서 대학을 가다 보니 어학을 전공하게 되었어요.

한국외국어대학교에 입학해서 만난 사람들 중에는 참 다양한 '언어덕후'들이 있었습니다. 외국어공부 자체를 좋아하는 친구들에게는 포르투갈어, 아랍어, 이란어, 말레이인도네시아어, 몽골어 전공이 있고 교양수업으로 산스크리트어, 라틴어, 헬라어 과목이 개설되어 있는 이 학교가 그야말로 '디즈니랜드' 같았나 봐요.

사실 대학교 1~2학년 때까지만 해도 '수능 점수가 기대보다 안 나온 김에 온 학교'이다 보니 외국어에 대한 호기심이 덜했어요. '이게 뭐 대단하다고 매일같이 단어를 외우지? 이런 게 재미있나?' 하는 철없는 생각도 했죠. 노력하는 자는 즐기는 자를 이길 수 없다고 했나요? 다양한 분야의 언어덕후에게 실력에서 처참히 깨지면서 뒤늦게 저도 마음을 다잡았죠. 당시만 해도 언어덕후가 아니다 보니 아무리 애를 써도 좋아할 수 없는 과목들이 많았어요. 음성학, 음운론과 같은 언어학 과목은 좀처럼 집중이 어렵더라고요.

그럼 저처럼 타고난 재능이 없는 사람이 어떤 방식으로 공부를 했기에 영어로 먹고살게 된 걸까요? 저는 영어였기 때문에 가능한 일이었다고 봅니다. 제가 영어가 아닌, 완전히 새로 배워야 하는 언어를 공부했다면 솔직히 통역사가 되지는 못했을 것이라고 생각해요.

70

영어는 덕질에
최적화된 언어

다른 외국어는 영어와 결이 많이 다릅니다. 프랑스어, 스페인어, 일본어, 중국어는 대부분 성인이 되어서 처음 접하는 경우가 많습니다. 영어와 달리 일상에서 접하기 어려운 언어이다 보니 성인이 되어서 아예 기초부터 시작하는 사람이 많을 거예요. 기초적인 문법과 단어부터 생소하니 훨씬 더 그 과정이 고되고 버겁죠. 대신 공부를 하는 과정에서 그 언어를 사용하는 나라에 대한 애착이 커지는 경우가 많다고 해요. 실제로 스페인어과 학생들이 라틴댄스를 배우거나, 프랑스어과 학생들이 샹송을 배우는 건 흔한 일입니다. 새로운 문화를 사랑하고 배우려고 노력하는 그들을 보면서 부러워했던 기억이 나요.

영어를 공부한다고 해서 다른 영어권 국가에 대해 애착이 생기는 경우는 드뭅니다. 이를 테면 영어를 배운다고 새로운 'identity'가 생기지는 않아요. 오늘날의 영어는 그냥 전 세계인이 사용하는 글로벌 언어에 가깝습니다. 그 대신 영어는 누구에게나 익숙하다는 장점이 있습니다. 공교육을 통해 이미 알파벳은 뗐고, 파닉스에 익숙하고, 간단한 인사말도 가능하고, 어느 정도 수준의 독해력도 갖추고 있고, 영문법도 아예 모르지는 않잖아요? 이처럼 영어는 20살 이전부터 자주 접하고 공부했다는 장점이 있어요. 그래서 성인이 되고 나서 '영어공부'를 시작한다는 것은 지금까지 내가 다져놓은 땅 위에 집을 짓는 것과 같습니다. 이왕이면 좋은 위치에, 튼튼하게 다져놓은 땅이라면 좋겠지만 그렇지 않아도 괜찮아요. 그만큼 다른 언어에 비해 시간과 수고를 덜 들여도 된다는 장점이 있습니다.

영어가 아닌 다른 언어는 그 나라 문화도 함께 공부하게 되고, 그러한 문화를 내 자신의 정체성처럼 받아들이게 된다는 장점이 있습니다. 영어는 그런 면에서 매력은 좀 떨어지지만 대신 '내가 좋아하는 분야'를 파고들 수 있게 해주는 튼튼하고 쓸모 있는 도구입니다. 쉽게 말해 영어는 '덕질'에 최적화된 언어입니다.

2015년 봄, 저는 첫째를 임신해 만삭인 상태였어요. 스스로 '난 좀 역마살이 있어.'라고 생각할 정도로 돌아다니는 걸 좋아했는데 집에만 있으려니 영 답답하고 지루하더라고요. 대신에 스마트폰을 잡고 하루 종일 이것저것 검색하며 궁금증을 풀었죠. 저처럼 세상만사 호기심이 많은 사람들이 주로 찾아보는 곳이 있어요. 한국에서는 나무위키, 영어권에서는 구글과 위키피디아

나의 마지막 영어공부

입니다.

그러던 어느 날, 여느 때처럼 무언가를 검색하다가 터키 TV 드라마 〈위대한 세기(Muhteşem Yüzyıl)〉를 접하면서 소소한 즐거움을 얻었어요. 옷을 좋아하는 저는 영상물을 볼 때 내용과 연기보다는 예쁜 의상이 많이 나오는 'costume drama(의상이나 소품으로 볼거리를 제공하는 사극 등의 드라마)'를 더 선호하는데요. 〈위대한 세기〉가 딱 그런 드라마였습니다. 이 드라마는 16세기 오스만 제국을 배경으로 제국을 다스린 제10대 술탄 술레이만 1세와 황후 휘렘 술탄의 일생을 그린 작품입니다. 여주인공 역할을 맡은 터키 배우 메리엠 우제를리의 화려한 미모와 그에 걸맞은 드레스들은 보는 것만으로 눈 호강이었어요. 저는 이 드라마를 통해 소소한 '덕질'을 시작합니다.

서른이 넘은 나이에 이제 와서 드라마에 빠져 터키어를 배우기란 무리였어요. 그래서 아쉬운 대로 구글에서 영어로 된 〈위대한 세기〉 자료를 열심히 검색했습니다. 지금은 케이블 방송국에서 한국어 자막까지 친절하게 달아 방영하지만 그때는 그렇지 않았어요. 제가 본 〈위대한 세기〉는 영문 자막이 달린 버전이었습니다. 이것도 아마 드라마의 팬이 자발적으로 번역해서 자막을 단 게 아닐까 싶어요. 분명 영어로 된 자막인데 읽으면서 무슨 내용인지 잘 모르겠는 부분이 많았거든요. 그렇지만 전체적인 흐름을 이해하는 데는 나쁘지 않았어요. 드라마는 물론 그 시대 터키의 문화와 풍습, 복식 등을 찾아보고 공부하며 그해 봄의 몇 달을 보냈습니다. 역시 영어는 덕질을 할 때 아주 유용하더라고요.

요즘 저는 SNS를 통해 알게 된 터키, 인도의 10대 친구들과 자주 소통하곤 해요. BTS가 좋아서, 다른 한국 아이돌이 좋아서 한국 문화에 푹 빠진 어린 친구들이 대부분인데요. 제가 통역사인 걸 알고는 저를 '언니'라고 부르며 한국어 번역과 공부를 도와달라고 하거나, K팝과 관련된 모르는 표현을 설명해달라고 하더라고요. 우리 문화를 공부하고 싶어 하는 마음이 예쁘기도 하고, 나이가 한참 위인 제게 언니라고 하는 것도 귀여워서 열심히 설명해주곤 합니다(이모라고 부르라고 할까 하다가 말았어요). 아예 한국어 교재를 또박또박 읽어서 녹음해서 보내준 적도 있어요. 한국어 교사가 아닌 제가 한국어를 배우고 싶은 이들에게 작은 도움을 줄 수 있는 이유 역시 영어가 자유롭기 때문입니다. 영어에 어려움이 있었다면 다른 이를 위해 봉사하는 소소한 기쁨도 느끼지 못했을 거예요.

다시 대학 시절로 돌아와서 제 주변에는 언어 그 자체에 재능이 있고, 구사할 수 있는 언어도 여러 개인 '어학 부자'가 많았습니다. 대표적으로 동아리 선배 언니는 전공인 스페인어 시간에 남미 교포로 오해받을 정도로 발음이 빼어났는데, 부전공인 러시아어 수업 때도 사람들이 고려인인 줄 알더래요. 뭐든 들은 대로 그럴듯하게 입에서 재생이 되는 재능이 탁월한 사람이었죠. 또 어떤 과 선배는 교양 외국어로 공부하는 프랑스어가 어려워서 징징거리는 저에게 정말 이해가 안 된다는 말투로 "영어를 할 수 있으니 프랑스어는 금방 배울 수 있잖아?"라고 묻더라고요. 실제로 그 선배는 영어도 프랑스어도 척척 잘해냈죠. 그 밖에 스페인어를 전공하는 김에 포르투갈어, 이탈리아어, 라틴어를 공부한다거나 베트남어를 전공하는 김에 성조가 있는 중국어, 태국어까지 공부하는 소위 '켠 김에 왕까지' 해내는 어학 부자가 꽤 많았어요.

저는 성조가 없고 알파벳을 쓰며 문법이 비교적 단순하다는 말레이인도네시아어를 공부하고 싶다는 꿈을 막연히 꾼 적이 있는데요. 전공자인 친한 동아리 선배가 관련 교재를 선물해준 적도 있어요. 제가 어렸을 때 인기 있었던 일본 만화 〈카드캡터 사쿠라〉의 말레이인도네시아어판을 인도네시아인 친구로부터 선물 받기도 했고요. 그러나 새로운 언어를 공부한다는 게 역시 참 어렵더라고요. 저는 남는 시간에 영어를 더 다듬기로 결심했어요. 반질반질 윤이 나도록 다듬어서 그 누구보다 영어를 잘하고 싶었거든요.

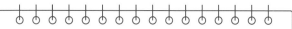

손자병법에서 배우는
영어에게 이기는 방법

Without training, they lacked knowledge. Without knowledge, they lacked confidence. Without confidence, they lacked victory.
수련 없이는 앎이 부족하다. 앎이 없으면 자신감이 부족하다. 자신감 없이 승리도 없다.

_율리우스 카이사르

서점에 가보면 중국의 병법서 『손자병법(孫子兵法)』을 응용한 경영서와 처세서가 꽤 많습니다. 꼭 창과 칼을 들고 전쟁터에 나가는 게 아니더라도 '적을 알고 나를 알면 백 번을 싸워도 위태롭지 않다(知彼知己 百戰不殆)'는 말이 참 와닿습니다. 현대인의 마음속에 새길 만한 가르침이 많아요.

동양의 오랜 지혜를 선망하는 영어권 독자들도 많은지 『손자병법』의 영어 제목인 'The Art of War'를 구글에 검색해보면 관런 명언들이 영어로 쏟아져 나오는데요. 이번 장에는 이 명언들을 영어공부에 응용해보려고 해요. 기본적으로 언어공부의 속성은 끈질기게 물고 늘어져야 한다는 데 있습니다. 굴복시킬 수 없는 적과 싸우는 지루한 고난의 과정에 가까워요. 그래서 흥미를 잃지 않고 영어공부를 꾸준히 하기 위해서는 다방면으로 노력할 필요가 있어요.

손자병법으로
시작하는 영어공부

The supreme art of war is to subdue the enemy without fighting.

(전쟁에 있어 최고의 기술은 싸우지 않고 적을 굴복시키는 것이다.)

상당히 역설(逆說)적인 말입니다. 싸우지 않고 싸운다니요? 영어권 사람들의 눈에 참으로 오묘하고 매력적인 동양의 지혜로 읽혔을 법한 말이네요. 영어공부도 마찬가지라고 생각해요. 최고의 기술은 공부하지 않고 영어를 정복하는 것이겠죠. 영어도 학문이다 보니 딱딱한 문법을 공부해야 하고, 단어 및 숙어를 암기하는 지루한 과정을 견뎌야 합니다. 하지만 영어공부를 지루하게만 느끼면 작심삼일이 되기 쉬워요. 영어는 학문이면서도 동시에 세상살이에 필요한 유용한 도구거든요.

영어보다 수학이 쉬운 이과생들도 학부생 때는 영어 원서로 된 공학서적을 보면서 공부했잖아요? 어린이용 미국 TV프로그램을 자막 없이 보는 것보다 이게 더 대단한 일이에요. 내가 잘 아는 분야, 내가 푹 빠져 있는 분야를 '영어로' 접해보세요. 영어를 따로 공부하지 않아도 독해 실력이 쑥쑥 늘어날 겁니다. 읽기 실력이 올라간 다음에는 듣기를, 그다음에는 말하기를, 그다음에는 쓰기를 연습해보세요. 수동적인 언어능력, 그러니까 독해와 청취만 늘어서는 소용이 없지만 영어공부의 시작은 역시 독해입니다.

Every battle is won before it is fought.

(전투는 매번 맞붙기 전에 승패가 이미 결정된다.)

시작하기 전에 이긴 싸움은 어떤 싸움일까요? 이 말에 대한 제 해석은 이렇습니다. 이미 다 이긴 것 같은 태도로 자신만만하게 전투에 임해야 이길 수 있다! 또 다른 『손자병법』의 명언으로는 'All warfare is based on deception.'이라는 말이 있는데요. '모든 전쟁의 기본은 기만이다.'라는 뜻입니다. 영어를 배울 때마다 '나는 영어에 젬병인데, 발음이 이상하면 어쩌지?' 하고 잔뜩 위축되어서 임해봐야 좋을 것이 없습니다. 적어도 머릿속으로 그리는 '나'는 유창한 영어 실력을 자랑하는 실력자여야 적극적으로 배움에 임할 수 있어요.

어찌 보면 영어는 참 길들이기 어려운 짐승(?) 같아요. 기고만장한 자세로 자신만만하게 덤비는 편이 낫습니다. 세계적인 운동선수들은 경기에 임하기에 앞서 심상 훈련, 그러니까 이미지 트레이닝을 한다고 해요. 상대방과 경기에서 맞붙어서 이기는 자신의 모습을 구체적으로 상상해보는 거죠. 유창하게 영어를 구사하는 자신의 모습을 구체적으로 상상하고, 가능하다면 상상 속의 상황에서 어떻게 말할지 구체적으로 떠올려보세요. 자신감을 가져야 영어와의 싸움에서 이길 수 있습니다.

Sometimes we need to lose the small battles in order to win the war.

(큰 전쟁에서 승리를 거두기 위해 때로 작은 전투에서 져야 할 때도 있는 법이다.)

나의 마지막 영어공부

우리에게는 저마다의 목표가 있습니다. 취업, 유학, 여행, 외국인 친구와의 즐거운 대화, 외교관이나 통역사의 꿈 등 영어공부도 목표를 이루기 위해 시작하는 경우가 많죠. 우리의 생각과 달리 한국인인 우리의 한국어는 의외로 완벽하지 않습니다. 맞춤법이나 문법을 틀리기도 하고, 띄어쓰기에도 오류가 잦습니다. 일상의 언어에는 결함이 더욱 많고요. 모국어도 그런데 영어는 오죽하겠어요. 그러니 이런 사소한 전투에서 졌다고, 실수가 잦다고 낙담하지 마세요.

『손자병법』에는 'Remember there are no mistakes, only lessons.'라는 말이 있습니다. '실수란 없다. 오직 교훈만이 있다는 걸 명심하라.'라는 뜻이에요. 실수로 그치지 말고 교훈으로 삼는다면 영어 실력에 훌륭한 밑바탕이 될 것입니다.

조금 다른 이야기지만 『손자병법』을 영어로 'The Art of War'라고 하는데 여기서 'art'는 예술이 아닌 고도의 기술을 뜻합니다. 독일의 심리학자 에리히 프롬의 책 『사랑의 기술』의 영문 제목도 'The Art of Loving'인데요. 20대 시절, 우연히 알게 된 외국인 친구가 있었어요. 제 또래 미국인 남성이었는데 처음 만난 날 이 친구가 손에 들고 있던 책이 바로 영어판 『사랑의 기술』이었습니다. 제가 어색한 분위기를 깨기 위해 영어로 "난 이 책이 연애에 대한 책일 줄 알고 기대했는데, 너무 심오한 책이더라고?" 하고 말했어요.

나름 재미있는 농담으로 분위기가 화기애애해졌다고 생각했는데, 문제는 이 친구가 그걸 제 'pick-up line', 그러니까 작업멘트 정도로 착각했다는 것입니다. 따로 만나고 싶다는 그에게 "난 너한테 관심이 없고, 아까 한 말이 그런 메시지로 들렸다면 정말 미안해."라고 말했죠. 굉장히 부끄러웠습니다. 나름대로 영어권 사람들을 많이 접해서, 그들이 느끼는 맥락과 우리나라 사람들이 느끼는 맥락 간의 차이에 대해 감이 있다고 생각했었는데 아니었나 봅니다. 서양 사람은 전반적으로 우리보다 훨씬 더 남녀 간의 친밀함에 민감한 편인 것 같아요. 우리나라 사람이 말하다가 무안해서 끝을 흐리며 웃는 것도 서양 사람은 이성으로 관심을 표하는 'flirting'으로 받아들이곤 하더라고요.

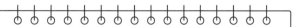

영어, 잘 듣고
싶으신가요?

A good idea is meaningless without the courage to act.
실천하려는 용기가 없다면 좋은 아이디어는 아무 의미 없지.

_<마담 세크리터리> 중에서

여기서 퀴즈 하나. 미 국무부 이야기를 다룬 TV드라마 〈마담 세크리터리〉, 디즈니 애니메이션 〈겨울왕국〉, 전설적인 시트콤 〈프렌즈〉를 리스닝 난이도가 쉬운 순서대로 나열해보세요. 정답은 〈겨울왕국〉 〈마담 세크리터리〉 〈프렌즈〉 순입니다. 〈겨울왕국〉은 그렇다 쳐도 어려운 정치외교 용어가 난무하는 〈마담 세크리터리〉가 캐주얼한 영어 표현이 나오는 〈프렌즈〉보다 쉬울 리 없다고요? 바로 그런 생각에 함정이 있습니다.

일단 〈겨울왕국〉을 비롯한 애니메이션은 'voice actor'라고 불리는 전문 성우 또는 성우 훈련을 받은 배우가 녹음했기에 발음과 발성, 억양이 귀에 쏙 박힌다는 장점이 있어요. 사람들은 의사소통을 할 때 생각보다 입 모양에 의존을 많이 한다고 해요. 코로나19로 인해 통역 현장에서도 마스크를 착용하는 경우가 늘었는데요. 실제로 마스크를 착용하고 회의에 배석해 순차통역을 해보니 입 모양이 보이지 않아서 어려움이 많았습니다. 한국인이 하는 한국어도 잘 안 들리는 경우가 있었죠. 즉 대화를 이해한다는 건 소리를 귀로 듣고, 입 모양을 눈으로 파악해 관련 내용을 종합해 유추하는 과정이기 때문에 입 모양은 굉장히 중요한 역할을 합니다.

애니메이션은 실제로 등장인물이 대화하는 게 아니라, 말할 때의 입 모양에 최대한 가깝게 만든 그림에 맞춰서 목소리 연기를 하는 거잖아요? 그래서 성우는 실제 대화 상황보다 훨씬 더 정확한 발음과 발성으로 대사를 소화한다고 합니다. 만일 리스닝 초급자라면 영어권 애니메이션을 많이 보는 것이 좋습니다. 친절하게 귀에 쏙쏙 들어오는 정확한 발음으로 공부를 시작할 수 있기 때문입니다.

꼭 듣기를 연습하기 위한 용도가 아니더라도 애니메이션은 발음과 발성의 교과서라는 면에서 굉장히 유용합니다. 저는 영어를 한국어로 통역하는 상황, 그러니까 영한 통역을 하는 경우가 많아서 한국어의 발음과 발성에도 신경을 쓰는 편인데요. 주로 우리나라 성우분들의 내레이션이나 목소리 연기를 귀중한 교보재로 삼고 있어요. 영어도 마찬가지로 성우의 호흡과 발성, 발음을 따라 하다 보면 '대사 처리', 그러니까 나의 영어가 한결 더 자연스러워지는 걸 경험할 수 있을 거예요.

L/C 실력을 키우려면
대사가 길고 많은 미드부터

〈겨울왕국〉과 같은 애니메이션을 통해 어느 정도 리스닝 실력을 키웠다면 이제 미드에 도전할 차례입니다. 〈마담 세크리터리〉는 대학 교수였던 엘리자베스 맥코드가 어느 날 갑자기 국무부장관이 되면서 일어나는 일들을 다룹니다. 부하직원인 국무부 직원들의 반발과 은근한 텃세를 이겨내고 그들을 '내 사람'으로 만들며 벌어지는 크고 작은 일들이 굉장히 흥미로운데요. 다양한 외교 문제를 해결하는 방식을 보면 드라마 전반에 노골적으로 '미국이 최고'라는 메시지가 보여서 조금 불편할 수는 있어요. 하지만 이 드라마의 미덕은 바로 양질의 연설이 많이 나온다는 데 있습니다. 바꿔 말하면 이 드라마는 대사가 길고 많아요. 일상 생활을 보여주는 장면의 대사조차도 '서론-본론-결론'이 있을 정도로 길고 구성이 좋습니다. 더군다나 등장인물이 장관이잖아요. 정제된 문장으로 이뤄진 긴 대사를 다듬어진 호흡과 발음으로 전달하기 때문에 생각보다 훨씬 더 잘 들립니다. 대사 하나하나의 구조가 완결성이 있어 공부에 도움이 많이 됩니다. 이 드라마를 볼 때는 영어 특유의 내용 분절과 그때마다 들어가는 연결어를 놓치지 마세요.

신문사 수습기자 시절, 선배들로부터 기사 쓰는 법을 배우며 제일 처음 들었던 말이 "좋은 글은 문장과 문단의 배열 그 자체로 논리적 흐름이 유려하기 때문에 문장 간에 연결하는 말을 쓰지 않는다."였습니다. 생각해보면 국어에서는 문장 앞머리에 '그럼에도 불구하고' '더욱이' '이와는 달리' '반면에' '다시 말해' '따라서' 등의 말이 영어만큼 자주 나오지는 않는 것 같아요. 반면 영어에서는 이런 말들이 문장을 더욱 촘촘하게 연결해 농도를 더해줍니다.

앞에서 언급한 내용에 덧붙일 때 쓰는 연결어: along with, apart from this, moreover, furthermore, also, as well as that

강조의 의미로 쓰는 연결어: undoubtedly, unquestionably, in particular, without a doubt, indeed

앞부분과 대조하는 내용이 나올 때 쓰는 연결어: unlike, on the other hand, contrary to, alternatively

순서를 알려주는 역할을 하는 말: following, at this time, previously, subsequently, last but not least, first and foremost

아마 위에 제시한 연결어들 중 일부는 익숙할 것이고, 일부는 '아, 맞다, 이런 것도 있었지!' 하고 기억에서 되살아났을 겁니다. 처음 보는 연결어도 있을 수 있고요. 이런 연결어들을 머리에 차곡차곡 저장했다가 영어로 말할 때 적재적소에 끼워 넣을 수 있다면 훨씬 더 풍성한 영어를 구사할 수 있어요. 꼭 〈마담 세크리터리〉가 아니더라도 다른 정치 드라마와 법정 드라마를 보면 영어적인 논리를 공부하며 리스닝 실력을 향상시키기에 좋아요. 대사가 논리정연하고 배우들의 발음도 깔끔하기 때문입니다.

그런 반면 시트콤은 내용은 가볍지만 'colloquial(구어체의)' 표현이 많습니다. 대사 자체가 등장인물들 간의 '티키타카' 위주여서 한 사람이 길게 말을 하기보다는 짧고 빠르게 대사를 '치고 빠지는' 형식이에요. 통역사들끼리도 가끔은 이런 푸념을 하곤 합니다.

"초년생 때는 인도 영어가 듣기 어렵다, 또 어느 나라 영어가 듣기 어렵다 했는데, 연차가 올라가니 사실은 미국 영어가 제일 어렵다는 걸 알겠어!"

그 이유는 미국 사람들이 유독 'colloquial' 표현을 많이 쓰기 때문입니다. 사용하는 단어는 초등학교, 중학교 때부터 흔하게 접한 'get' 'take' 'put'인데 웬걸, 무슨 말인지를 당최 모르겠는 때가 있어요. 특히 어린 시절부터 영어권에 거주하며 몸과 머리에 영어가 베어든 경우가 아니라면 더욱 그렇습니다.

예를 들어 당연한 것으로 받아들인다는 의미의 'take it for granted'나 견뎌낸다는 뜻의 'put up with' 같은 표현을 많이 알면 알수록 캐주얼한 영어, 즉 실제로 영어권 국가에서 쓰이는 현장감 있는 영어에 가까운 고수인 셈입니다. 물론 한국 사람인 저는 'put up with'보다는 'tolerate'라는 동사가 먼저 입에서 튀어 나옵니다.

시트콤은 애니메이션과 정제된 대사가 등장하는 미드로 초급과 중급 과정을 뗀 후 도전하는 편이 좋아요. 대사를 완벽하게 이해하지 못해도 등장인물들을 보는 것만으로 웃을 수 있어 초급자분들이 쉽게 도전하는 경우가 많은데요. 시트콤은 되도록 영어의 '디테일'을 공부할 준비가 되어 있을 때 접하는 편이 효과적입니다.

〈프렌즈〉에서 한 인물이 습관처럼 말하는 대사가 있어요. "We were on a break!(그때 우린 헤어졌었어!)"입니다. 이 대사를 들으면서 관사 'a'가 귀에 쏙 박힙니다. 헤어진 상태를 말하는 'break'는 여기에서 '셀 수 있는', 그러니까 가산명사인 것입니다. 흔히 영어를 아무리 공부해도 끝끝내 정복할 수 없는 게 바로 관사(a, an), 정관사(the)라고 하는데요. 이런 대사를 통해 관사가 들어간 표현 하나를 머리에 넣고 가는 거죠.

이미 '미드로 영어공부'라는 말은 식상해질 정도로 흔한 공부법이 되었고, 요즘에는 넷플릭스 덕분에 영어권 드라마를 집에서 손쉽게 접할 수 있게 되었어요. 누워서 간식을 먹으며 말 그대로 'couch potato(소파에 앉아 TV만 보며 많은 시간을 보내는 사람)' 상태로 볼 수 있습니다. 자신의 수준을 고려해 콘텐츠를 가려보는 게 좋지만, 사실 제일 중요한 비결은 '내 마음에 드는 드라마를 신나게 보는 것'입니다. 재미있으면 머리에 다 들어오게 되어 있어요. 또 좋은 점은 여러 번 반복해서 봐도 질리지 않는다는 겁니다. 내가 너무 좋아하는 배우가 나오는 '최애' 동영상이라면 아무리 영어가 어려워도 한 번만 보고 관두지는 않을 테니까요.

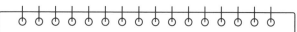

인도 영화 '당갈'로 배우는 영어

Everything is hard before it gets easy.
쉬워지기 전까지는 모든 것이 어렵다.

_괴테

영화와 드라마만큼 영어공부에 흥미를 붙이기 좋은 콘텐츠도 없는 것 같아요. 이번에는 아미르 칸 주연의 인도 영화 〈당갈(Dangal)〉의 이야기를 해볼까 해요. 'dangal'은 힌디어, 우르두어, 펀자브어로 레슬링 경기를 뜻합니다.

전직 레슬러인 아버지가 자신이 못 이룬 금메달리스트의 꿈을 이루기 위해 두 딸을 레슬링 선수로 키우는 이야기인데요. 기대보다 훨씬 더 재미있었습니다. 2016년 영화 개봉 당시에는 인도의 여성 문제에 초점을 맞춰서 홍보했던 것 같아요. 여성 문제 역시 영화 전체를 관통하는 중요한 주제이긴 하지만, 저에게는 몇 번이고 아이가 넘어지는 모습을 지켜보며 일으켜주고 싶은 마음을 누르고 성장을 돕는 부모의 이야기로 다가왔습니다.

이 영화는 우리가 겪어야 할 삶의 어떤 '과정'에 대해 이야기합니다. 앞으로 어떤 일이 일어날지, 내가 성공할지 아니면 초라하게 끝날지 아는 사람은 아무도 없습니다. 그 'uncertainty(불확실성)'가 두려워서 아무것도 하지 않는 사람조차 그 과정을 피할 수는 없습니다. 〈당갈〉은 이 과정을 레슬링에 대입해서 때로는 재미있게, 때로는 묵직하게 교훈을 전합니다.

이 영화의 백미는 레슬링 선수 출신 아버지가 '영연방 경기대회(Commonwealth Games)'에 출전한 딸 기타를 지도하고 응원하는 장면입니다. 기타는 원래 공격형 선수로 훈련했고, 수비보다 공격이 뛰어난 선수입니다. 그래서 스스로의 강점을 살려 상대를 철저하게 밀어붙였어요. 1라운드에서 패배하면서 한 차례 위기가 오지만 아버지의 말을 떠올리며 끈질기게 임한 덕에 결국 승리합니다.

저는 스포츠의 '공격'이 영어의 능동적인 요소, 그러니까 말하기와 쓰기와 비슷하다고 느꼈습니다. 초급자일수록 일단 말이

나와야 합니다. 입을 떼지 못하면 영어를 공부한다고 할 수 없죠. 작문도 마찬가지고요. 백지를 보고, 컴퓨터 스크린을 보고 막막해서 첫 문장만 몇 번이고 고쳐 쓰면 주눅만 들 뿐입니다. 이럴수록 틀리든 말든 능동적으로 임해야 해요.

국제대회에 약하다는 세간의 평가를 뒤집고 준결승에 진출한 기타. 이번에도 장점인 공격을 내세울 줄 알았는데 아버지는 '수비에 집중할 것'을 당부합니다. 상대편 선수가 점수를 따지 못해 안달할 때까지 버티고 버티면 마음이 급해져 빈틈을 보이기 마련입니다. 상대는 이미 기타의 플레이 스타일을 열심히 분석했을 것입니다. 아버지는 딸에게 누구나 예측 가능한 방식으로는 상대를 꺾기 힘들다는 교훈을 줍니다.

영어 토론과 면접에서도 이런 부분이 도움이 되지 않을까 싶습니다. '강약중강약' 있게 유연하게 상황에 대처하는 겁니다. 막 사회 진출을 시도하는 입장에서는 쉽지 않을 수 있어요. 본인이 준비한 영어를 모두 쏟아내고 싶을 겁니다. 하지만 그럴수록 더욱 실수가 잦아요. 차분한 마음으로 임하되 '빛을 발할 수 있는 순간'을 노리세요. 기타는 그렇게 해서 또다시 승리를 거둡니다.

재미있었던 건 준결승 상대가 나이지리아 국가대표였다는 겁니다. 이 부분을 보면서 나이지리아도 영연방(영국을 중심으로

옛 영국 식민지 출신 국가들 위주로 결성됨) 국가라는 걸 새롭게 상기할 수 있었어요. 영연방 하면 보통 국기에 영국 국기가 그려진 호주와 뉴질랜드, 그리고 인도와 파키스탄이 제일 먼저 떠오르잖아요? 영화를 보며 이렇게 새로운 시사상식을 얻게 될 때가 많습니다.

최고가 되기 위해서는
기억될 만한 경기를 해야 한다

기타는 드디어 최종 결승전에 오릅니다. 그러면 이번엔 어떻게 경기를 운영해야 할까요? 아버지는 이렇게 말합니다.

"금메달을 따기 위해서는 사람들에게 기억될 만한 경기를 해야 한다."

결국 최종 승자를 가리는 자리에서는 공격과 수비에 모두 뛰어나야 한다는 이야기입니다. 수긍하면서도 한편으로는 숨이 콱 막히는 이야기입니다. 그게 어디 쉽나요? 외국어는 점수가 나오는 인증시험이 아닌 이상 스포츠 경기처럼 1~3등이 명확하게 가려지지 않습니다. 하지만 영어를 꾸준히 공부하고 또 '써먹는' 상황 속에서 크고 작은 대결, 또는 대회 같은 일들이 있기 마련 이에요. 영어 시험, 면접 또는 입사 후 처음 맡게 된 중요한 프레젠테이션이 그 대결의 장일 수 있습니다. 기본 중의 기본은 긴장해서는 안 된다는 겁니다. 그리고 어느 정도 경지에 오른 사람이라면 '기억에 남을 만한 무언가'를 갖춰야 합니다. 즉 어떤 질문이 나와도 당황하지 않을 수 있도록 철저한 준비가 필요합니다. 그럼에도 실전에서 미처 모르는 내용에 대한 질문이 나온다면 당황하지 말고 유연한 임기응변으로 빠져나와야 합니다.

참고로 프레젠테이션에서 유용한 게 바로 "~라고 질문하셨는데요. 좋은 질문입니다."라고 일단 질문의 내용을 요약해 대답하는 것입니다. 예의 바르게 대응하면서 답변을 생각할 시간을 버는 겁니다. 그런데 또 일부에서는 이런 대응을 바람직하지 않게 본다고 하네요. 언어인식 시스템업체 스피치워크스는 이에 대해 다음과 같이 말합니다.

"That's a great question!" that it often seems patronizing and insincere. Of course, we understand why people say "great question." They want to connect with their audience and prod more questions. Smile at the questioner, nod your head seriously, and give a strong answer.

요약하면 청중에게 가까이 다가가고 더 많은 질문을 유도하려고 '좋은 질문'이라고 이야기하는 것이지만, 이를 잘못 활용하면 잘난 체하고(patronizing) 진실되지 않게(insincere) 보인다는 겁니다. 거드름 피우는 것처럼 보일 수 있으니 질문자에게 미소를 짓고, 진지하게 고개를 끄덕이고, 강력한 답변을 내놓는 게 좋다고 조언합니다.

다시 영화 이야기로 돌아와서 자신이 못 이룬 금메달의 꿈을 딸이 대신 이뤄주기를 그토록 바랐던 아버지가 해준 조언을 영어로 옮기면 이렇습니다.

"If you bring Silver people will forget you one day or another but if you win Gold then you will set a precedent which will be told again and again."

(은메달을 따면 사람들은 얼마 지나지 않아 너를 잊을 거다. 하지만 네가 금메달을 목에 걸면 너는 두고두고 회자되는 선례를 남기는 거야.)

이미 1등만 기억하는 세상, 1등만 강요하는 부모는 미덕이 아닌지 꽤 되었습니다만, 메달리스트 불모지인 여성 레슬링 종목에서 '두고두고 회자되는 선례'가 되어 같은 꿈을 꾸는 이들이 걸어갈 길을 닦아준 이야기가 마음속에 오래도록 남았습니다.

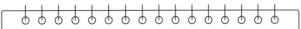

미국 교과서를 수집하는
책덕후 이야기

So many books, so little time.
읽을 책은 많고 시간은 없네.

_사라 넬슨

"여러분, 조선시대 왕의 순서가 어떻게 되죠?"

"태, 정, 태, 세, 문, 단, 세…"

"그럼, 고려시대는요?"

오래전 중학생 시절의 기억입니다. 학교에서 사회적으로 인
정받는 선배님들을 모셔서 특강을 진행했는데요. 지금은 잘 기
억도 나지 않는 모 대학교에 교수님으로 계신 선배가 연단에 서

나의 마지막 영어공부

서 했던 질문입니다. 이 교수님은 자신은 고려시대 왕의 순서까지 외우신다고 했어요. 특별히 필요가 있어서 외운 것은 아니고 '머리가 남아도는' 시간이 많아 재미 삼아 외우셨다고 해요. 그랬더니 두고두고 도움이 되었다고 합니다.

저도 마찬가지예요. 저는 초등학교 때 잠시 미국에서 학교를 다닌 경험이 있습니다. 짧은 기간이어서 영어를 온전히 내 것으로 만들지는 못했지만 원래부터 좋아하는 과목인 사회, 미술, 그리고 우리나라보다 쉬운 수학을 즐겁게 배운 기억이 압니다. 물론 우리나라도 마찬가지지만 영토가 넓은 미국은 사회 과목에서 지리를 자세하게 가르칩니다. 넓은 미국 'blank map(백지도)'을 펼쳐놓고 각 주(state, 州)의 이름과 약어, 별칭, 주를 상징하는 꽃과 새 등을 써넣습니다. 원래 지도를 좋아해서인지 수업을 완전히 알아듣지는 못했지만 이 시간이 너무 즐거웠습니다.

예를 들어 캘리포니아는 약자로 CA라고 표기하고, 주도(州都)는 로스앤젤레스나 샌프란시스코가 아니라 새크라멘토예요. 별칭은 'Golden State'입니다. 이러한 별칭은 어쩐지 샌프란시스코에서 봤던 'Golden Gate Bridge(금문교)'가 떠올라 너무 잘 어울린다고 생각했죠. 미국의 각 주가 대략 어디쯤 위치해 있는지 알게 되면 그 지역의 기후, 경제, 인구구성에 대해 자연스레 알게 됩니다. 이게 훗날 통역을 하면서 두고두고 쓸모 있을 줄 누가 알았을까요?

미국의 지리에 대해 대략적으로 파악하고 있으면 영화나 드라마를 볼 때도 맥락을 쉽게 이해할 수 있습니다. 〈빅뱅이론〉의 여주인공 페니의 캐릭터가 사실은 캘리포니아 여성에 대한 스테레오타입을 반영했다는 것, 〈프렌즈〉 친구들의 아파트 생활은 부동산 값이 어마어마한 뉴욕의 특성을 보여준다는 것 등을 좀 더 입체적으로 읽어낼 수 있어요. 결국 영어를 깊이 있게 공부하려면 영어가 널리 쓰이는 나라에 대해 어느 정도 배경지식은 갖춰야 한다고 생각합니다. 그 나라의 공교육 제도에서 무엇을 가르치는지 아는 것도 중요하고요. 결국 우리가 소통해야 할 외국인은 그 나라의 교육과정을 배운 사람일 테니까요.

2019년, 여름휴가로 간 괌에서 미국 교재, 교구를 많이 팔고 있기에 플라스틱으로 만든 어린이용 미국 지도를 사왔습니다. 미국의 지리와 관련된 배경지식을 아이들과도 함께 나누고 싶었기 때문이에요. 제가 가장 신뢰하는 교재는 미국을 비롯한 영어권 국가의 초등학교 교과서입니다. 일상에서 필요한 모든 지식을 담고 있고, 문장도 지극히 정제되어 있어 매우 명료합니다. 미국 초등학교 고학년 수준의 세계사, 세계지리 책을 보면 어른도 잘 모르는 내용을 깔끔한 문장, 다양한 삽화, 지도 및 도표와 함께 알려줘서 영어공부에 큰 도움이 됩니다.

현지 교과서에서
답을 찾다

미국에서 사용하는 교과서 외에도, 중고등학교 과정의 주요 개념을 책으로 엮은 『Big Fat Notebook』 시리즈도 추천합니다. 지극히 영어권다운 논리가 곳곳에 엿보이지만, 유학을 준비하는 중고등학생이라면 필히 알아야 할 과목별 핵심 개념을 잘 정리해놨어요. 예비 유학생뿐만 아니라 영어를 공부하는 성인도 틈틈이 펼쳐 보며 개념과 용어를 익히면 좋습니다.

현지 중고등학교 참고서는 통역 일에도 유용하게 활용됩니다. 의학, 제약, IT 분야를 비롯한 다양한 기술 분야의 통역을 하는 데 있어 중고등학교 참고서가 큰 도움이 된다는 게 신기하지 않나요? 탄탄한 기초의 중요성을 다시 한번 깨닫게 되고, 방대한 영어의 바다 앞에 겸손해지는 순간입니다.

이 『Big Fat Notebook』 시리즈 중 'Everything You Need

to Ace Science in One Big Fat Notebook(과학을 잘하기 위해 알아야 하는 모든 것을 한 권에 담은 노트북)'을 보면, 챕터 끝에 연습문제가 나오는데요. 'Work and Machines(물리적인 관점의 일과 기계)' 단원의 연습문제 중에 이런 게 있습니다.

When is a person doing work? List some work you do on a daily basis.

(사람은 언제 일을 하는가? 매일 하는 일의 목록을 적어보자.)

어쩐지 물리 문제처럼 보이지는 않죠? 그런데 이 문제의 '모범답안'을 보면 개념이 한결 더 명확해집니다.

Any time a person applies a force in the direction of motion, he or she is doing work. Jumping up in the air, lifting a backpack, and throwing a ball are all examples of work.

그렇습니다. 공중으로 점프하고, 책가방을 들어올리고, 공을 던지는 행위가 모두 '일'인 건 당연합니다. '사람이 (힘이 가해진) 어느 한 방향으로 움직이도록 힘을 가하게 되면 일이다.'라고 앞

나의 마지막 영어공부

에 정의를 쓰고 뒤에 설명을 나열한 방식 자체가 대단히 영어스럽습니다.

영국 아동출판 브랜드 어스본(Usborne)의 책들도 추천합니다. 저는 한국어 책을 먼저 구입했다가 영어 원서의 내용이 궁금해서 원서도 구입했는데요. 영어 초보자라면 어스본의『초등학생이 알아야 할 참 쉬운 정치』를 통해 독해 실력을 키울 수 있습니다. 예를 들어 'government(정부)'에 대해 이 책에서는 다음과 같이 설명합니다.

In a big society such as a country, the answer to the question, 'Who's in charge?' is usually: the government.

영어권 국가의 교재, 교과서에 등장하는 이런 문장을 보면 어렵고 전문적인 것처럼 보이는 개념에 대해 쉽고 명확하게 풀어내는 영어의 저력을 다시금 느끼게 됩니다. 우리의 입에서 나오는 표현도 이래야 한다고 생각하고요. 누가 들어도 오해의 소지가 거의 없는 깔끔하게 와닿는 영어가 좋은 영어라고 생각해요. 괜히 어려운 단어, 멋내는 표현을 장황하게 섞어서 한껏 굴린 발음으로 유창함을 가장해 속사포처럼 빠르게 쏟아내는 건 좋은 영어가 아니에요.

더불어 직업적인 이유로 저는 다수의 용어사전도 소장하고 있습니다. 현장마다 다루는 분야가 다르고, 각 분야의 전문가와 소통을 해야 하다 보니 사전의 도움 없이는 어렵더라고요. 국제회의 용어사전, SSAT·SAT 용어사전, 경제신어사전, 군사용어사전, 사회과학 용어사전, 여기에 취미로 배운 이탈리아어 사전, 프랑스어 사전 등 책장의 한 층을 꽉 채운 사전들을 보면 마음이 흐뭇합니다.

사실 저는 구하기 힘들거나 특이한 분야의 책을 발견하면 일단 구매해서 소장하는 기질이 있는 '책덕후'예요. 제가 갖고 있는 특이한 책들로는 중국 점성술을 다룬 『The Complete Guide to Chinese Horoscopes』, 요리책 『Ani's Raw Food Essentials』, 심지어 『성악인을 위한 영어 딕션』이라는 성악 교재도 있습니다. 이 책들을 통해 뭘 얻을 수 있냐고요?

중국 점성술 책을 통해서는 영어권에서 돼지띠를 'pig'가 아닌 'boar', 닭띠를 'chicken'이 아닌 'rooster'라고 한다는 걸 배웠고요. 자시(子時), 축시(丑時)의 개념을 영어로는 'The hours ruled by the Rat' 'The hours ruled by the Ox' 하는 식으로 표현하는 것을 눈여겨봤습니다. 요리책에서는 아시아식 'raw food(로푸드)', 그러니까 날것 그대로 먹는 음식을 소개하고 있는데요. 다채로운 식자재 표현을 숙지할 수 있었습니다.

호기심으로 구매한 성악인을 위한 책에서는 예상 외로 많은 실용적인 지식을 얻을 수 있었어요. 이 책에서 말하는 의사소통의 두 가지 핵심 규칙은 'You must be heard,' 'You must be understood.'입니다. 이걸 위해 주의해야 하는 사항 중에 특히 눈길을 끌었던 건 '아름다운 소리를 내야 한다는 지나친 걱정으로 인해 가사의 전달을 소홀히 하지 않았는가?' 하는 내용이었어요. 유창한 것처럼 보이기 위해 얼렁뚱땅, 물 흐르듯 발음한 건 아니었는지 제 자신의 영어를 돌아보게 되었습니다. 그 밖에도 명확하게 들리는 강세를 두는 법, 호흡법 등 성악가의 관점에서 필요한 영어 딕션에 대한 내용에서 많은 것을 배웠습니다.

사소한 것에 대한 호기심이 꼭 실용적인 가치로 이어진다고 보장할 수는 없습니다. 그렇기에 여러분도 저처럼 원서를 사서 모을 필요는 없습니다. 다만 궁금증을 가지고 즐겁게 탐색한 지식은 머릿속에 더 오래 기억된다고 합니다. 이러한 사소한 지식이 쌓이고 쌓이면 언젠가 실생활에 유용하게 쓰이는 날이 올 것입니다.

외국어공부를 위한
SNS 활용법

Get yourself down to the library and read a book. Seriously. It
(Twitter) is a waste of time.
도서관에 가서 책이나 읽으세요. 제발요. (트위터는) 인생의 낭비예요.

_알렉스 퍼거슨

영화와 관련된 잡지를 보면 우리가 '로맨틱 코미디'라고 부르는
장르를 영어권에서는 귀엽게 'Rom-Com(롬콤)'이라고 줄여서
부른다고 합니다. SF(Science Fiction)는 'Sci-Fi(싸이파이)'라고 부
른다네요. 그런데 이런 정보를 얻고자 굳이 비싸고 무거운 책을
사서 읽을 필요는 없습니다. 스마트폰만 잘 활용하면 내 관심사
에 쏙쏙 맞춰 큐레이션한 나만의 교재 한 권이 생기니까요. 지금
은 정보를 얻기 힘든 시대가 아니죠. 문제는 쏟아지는 정보의 홍

나의 마지막 영어공부

수에서 '내가 원하는' '내게 도움이 되는' 정보를 얼마나 잘 선별해내느냐에 달려 있습니다.

검색을 반복하다 보면 내가 주로 검색하는 분야가 뭔지, 어떤 정보를 원하는지 알고리즘이 영리하게 알아내고 비슷한 결과를 방대하게 가져다줍니다. 우리는 이로부터 양질의 정보를 가려낼 눈만 키우면 됩니다. 물론 SNS가 백해무익(百害無益)하다고 말하는 목소리도 아주 높습니다. SNS가 나쁘다고 이야기하는 사람들은 대개 소셜미디어(영어권에서는 'SNS; Social Network Service'보다 'social media'라는 표현을 더 많이 씁니다)를 통해 받아들이는 정보가 사용자에게 해가 되는 경우, 그러니까 남의 인생의 화려한 단면으로 인해 스스로 위축되고 상대적 박탈감에 괴로워지는 상황에 대해 경고합니다. 반대로 내가 SNS에 무심코 올린 정보가 유출되어 문제가 생기는 경우도 있고요. 실제로 피해를 보는 사람이 있기에 SNS가 나쁘다고 하는 거겠죠.

다행인지 제 경우에는 '남이 잘사는 모습'에 질투가 나서 타격을 입지는 않습니다. 좀 부럽기는 하지만 그뿐이에요. 남의 이야기에 별 관심이 없는 성향 덕분인 것 같아요. 예를 들어 누가 비싼 가방 사진을 올리면 저는 그 가방이 예쁜지 아닌지만 눈에 들어옵니다. 가방의 가격이 비싸다고 해서 우울감과 박탈감을 느끼지는 않아요. 그렇게 많은 생각을 하기엔 인생이 너무 바쁘기도 하고요.

SNS는 정말
백해무익할까?

저는 몇 년 전부터 미술 시장에 대한 관심이 커졌습니다. 언젠가는 아트 컬렉팅을 시작하고 싶은데 요즘 가격이 너무 높아진 것 같아 상황을 지켜보는 중이죠. 그래서 다수의 옥션, 아티스트, 미술관의 계정을 팔로우하고 있어요. 세상 돌아가는 일에 관심이 많으니까 여러 언론사 계정도 팔로우합니다. 카드뉴스 형식으로 게시된 글을 간단하게 넘겨보면서 그중 'in-depth(심층적으로)' 하게 살펴볼 이슈를 추려냅니다. SNS를 업무를 위한 공부에도 활용합니다. IT 분야의 최신 소식을 받아보고, 주요 IT회사의 계정도 팔로우하죠. 통역을 해드리고 있는 정부 부처, 국회의원, 국제기구 계정도 팔로우합니다. 평소 어떤 어조로, 주로 어떤 이야기를 하고 있는지 'catch-up(따라잡기)' 위해서예요.

그런가 하면 아이와 가볼 곳이나 다양한 놀이를 소개하는 계

나의 마지막 영어공부

정도 팔로우해요. 한 가지 고마운 점은 영어를 할 수 있으니까 캐나다, 싱가포르 등 다양한 나라의 육아 정보를 볼 수 있고 교류할 수 있다는 거예요. 이러면 SNS 알고리즘은 제가 좋아하는, 관심 있는 분야 위주로 추려집니다. 저절로 관심 분야의 내용을 확장할 수 있어요. 미처 몰랐던 미술관이나 출판사, IT회사의 게시물을 찾아서 눈앞에 가져다주니까요.

최근에는 시간을 잘 관리하고 동기 부여를 위해 SNS를 활용하는 사람도 많더라고요. 나의 공부를 일기처럼 매일 기록하는 거예요. '#공스타그램' '#영어공부' '#공무원시험' 이런 식으로 목표하고 있는 바와 관련 있는 해시태그를 걸어놓으면 나와 같은 목표를 갖고 있는 사람들의 계정이 줄줄 뜨니까 마음을 다잡게 된다고 해요.

인터넷 매체를 통해 언제, 어디서든 뉴스를 볼 수 있는 시대이다 보니 확실히 인쇄 매체와는 멀어지는 것 같아요. 저는 인터넷 매체와 인쇄 매체를 균형감 있게 활용하는 게 좋다고 생각합니다. 인터넷 매체는 나의 관심 분야를 각기 다른 언론사의 시각과 관점을 통해 동시에 접할 수 있다는 장점이 있어요. 어디 국내 매체뿐인가요? 키워드를 잘 뽑아서 살펴보면 같은 사건에 대해 외국 매체에서는 어떤 목소리를 냈는지 몇 초 만에 확인할 수 있습니다. 외국어 학습 차원에서도 표현을 수집하기에 참 좋아요.

그렇지만 종이신문의 장점도 무시할 수 없습니다. 일단 댓글이 없어요. 남의 의견이 없기에 기사를 온전히 받아들일 수 있고, 오롯이 나의 해석을 하는 게 가능해져요. 종이신문도 언론사에서 판단한 중요도에 따라 페이지, 지면의 위치 등이 달라지지만, 인터넷 뉴스에 비해 헤드라인이 자극적이지 않아서 좋아요. 제게 있어 종이신문의 가장 큰 장점은 밑줄을 좍좍 그어가며 공부할 수 있다는 거예요. 머리와 눈과 손을 모두 쓰면 텍스트를 좀더 내 것으로 체화하기 좋아요.

독해공부를 오랫동안 꾸준히 해오면서 선호하는 필기구가 굳어졌습니다. 20년 전 공부한 노트를 펼쳐 봐도 같은 필기구로, 같은 방식으로 정리해놨어요. 스테들러의 점보연필과 초록색 형광펜을 박스로 사놓고 써요. 축구선수가 내려가지도 않은 양말을 당겨 올리며 심기일전하듯이(pull one's socks up), 저도 필기구를 만지작거리며 각오를 다지곤 합니다.

통역사로 참여한 IT 프로젝트에서 몇 달간 함께 일한 어느 차장님께서 늘 강조하시던 게 있어요.

"일 잘하는 사람은 자신만의 템플릿(보고서 양식)을 만들어놓는다."

'일잘러=말잘러'라는 공식과 일맥상통해요. 일잘러가 자신만의 양식을 바탕으로 늘 깔끔한 보고서를 만드는 것처럼, SNS와 필기구를 통해 일관된 방식으로 영어공부를 한다면 우리도 말잘러가 될 수 있지 않을까요?

맨체스터 유나이티드의 알렉스 퍼거슨 전 감독은 "트위터는 인생의 낭비다."라고 말했다고 해요. 사실 트위터 자체를 겨냥한 말은 아니었지만 이 말이 '트인낭'이라는 줄임말이 되어 일종의 'meme'(밈)이 되었죠. 물론 SNS는 그의 말대로 인생의 낭비일 수 있어요. 하지만 저는 사용자가 SNS를 어떻게 활용하느냐에 따라 SNS가 세상을 배우고 정보를 받아들이는 큰 창이 될 수도 있다고 생각합니다. SNS는 이제 우리에게 너무나 익숙한 플랫폼이잖아요? 영어공부에 한번 적극적으로 활용해보면 어떨까요?

PART 3

뻔하지만 그래도
시작이 반이다

기본이지만 놓칠 수 없는 단어공부 ①

A man with a scant vocabulary will almost certainly be a weak thinker.
어휘가 부족한 사람은 사고가 빈약하기 마련이다.

_헨리 해즐릿

아주 오래전, 아마 1994년쯤 미국의 한 마트에서 페이퍼백 사전을 한 권 샀습니다. 엄청나게 넓은 미국의 마트에서는 정말 별의별 물건을 다 팔더라고요. 어쩐지 엄숙해야 할 것 같은 사전도 페이퍼백으로 만들어서 엉성하게 쌓아놓은 모습이 신기했습니다. 사실 그 시절 우리나라에서는 마트라는 개념 자체가 생소했었죠.

사전의 이름은 『The American Heritage』, 그러니까 우리말

로 '미국의 유산'이었어요. 이 사전은 제 보물 1호가 되었습니다. 이 사전을 시작으로 저만의 사전 컬렉션을 모으기 시작했죠. 이 책은 페이퍼백이라 책등이 얇은 종이로 되어 있는데, 이것과 관련해서 재미있는 영어 표현을 발견했어요.

Book Pet Peeve: Cracking the spine.

(책과 관련해 정말 싫어하는 것: 책등을 접어서 자국이 남게 하는 것.)

'pet peeve'는 정말 싫어하는 것, 시쳇말로 '극혐'하는 무언가를 뜻합니다. 페이퍼백처럼 얇은 종이로 만든 책은 한 번만 책을 쫙 폈다 닫아도 책등, 즉 'spine(척추)' 부분에 접었던 자국이 영원히 남습니다. '책덕후'라면 싫어할 만하죠. 그러나 저는 오히려 그 순간을 좋아합니다. 나의 손에 갓 들어온 새 책을 폈다가 접어 자국이 생기면 비로소 내 것이 된 기분이더라고요.

제 보물 1호 사전은 이미 책등에 무수히 많은 자국을 가진 낡은 사전이 되어버렸습니다. 여전히 부족한 실력이지만 낡은 책 특유의 쿰쿰한 냄새를 맡으면 제 영어공부의 역사가 떠올라요. 그 길을 함께 걸어온 사전이 문득 고맙습니다.

영어공부는 단어공부의 역사와 같습니다. 사과는 'apple'이라는 걸 배운 까마득한 옛날부터 단어공부는 계속되어 왔을 겁니다. 이번에는 단어를 외울 때 어떤 부분에 주의하며 공부하면 좋을지 이야기해보려 합니다.

발음에서 오는
혼동에 주의하자

어느 기업의 회의에서 있었던 일입니다. 몇 시간에 걸친 회의가 끝나갈 무렵, 한국 회사 측 실무자가 "다음 회의까지 모든 세부 일정에 대해 시간을 정확하게 맞춰 달라."라고 거듭 당부했어요. 저는 간만에 'punctuality(시간 엄수, 정확함)'라는 단어를 '써먹고' 싶었습니다. 그런데 제 입에서 실수처럼 튀어나온 단어는 'punctuation(철자법)'이었습니다. 시간을 꼭 지켜달라고 해야 하는데 맞춤법을 꼭 지켜달라고 했으니 해외 법인 담당자도 꽤 당황스러웠을 겁니다.

긴 단어, 특히 직접 듣거나 읽은 적 없이 단어장만 보고 외운 단어는 이렇게 입에서 나올 때 실수를 하게 됩니다. IT 분야에서 '인증'이라는 의미로 자주 활용하는 'authentication'도 저는 왜 자꾸 가운데에 'fi'를 넣어 'authentification(조약 확정)'이라고 발음하게 되는지 모르겠어요. 단어의 올바른 뜻과 발음을 끝없이 확인하고 틈틈이 외워야 하는 이유입니다.

동사는
뉘앙스의 차이

2020년에서 2021년으로 넘어가던 겨울, 기자 시절 알고 지낸 방송국 선배의 전화를 받았습니다. 몇 년 만이어서 반가운 마음에 얼른 받았죠. 선배는 "회사 행사의 영문 제목을 정해야 하는데 네가 좀 도와주라."라며 다급한 목소리로 말했어요. 청소년을 대상으로 한 행사의 주제는 '너 자신을 믿어!'였고, 저는 'Believe in yourself'라는 표현이 머릿속에 떠올랐습니다.

"Believe in yourself 어때요?"

"음, 그건 너무 평범하지 않아? Have faith in you는 어때?"

"faith는 너무 종교적이에요, 선배."

"그럼 trust는?"

"나쁘지는 않은데요. 이건 좀 더 '신뢰하다'의 뉘앙스가 강한데요."

중학교 수준의 단어를 가지고 한참 대화가 오갔습니다. 그러고 보면 어려운 단어를 외우는 것보다 쉬운 단어의 뉘앙스 차이를 확실하게 아는 게 중요하다는 생각이 들어요. 이런 차이를 공부하고 싶다면 『영어 단어의 결정적 뉘앙스들』이라는 책을 추천합니다. 'want-wish-hope'의 차이는 무엇인지, 'tell-talk-speak-say'는 각각 어떻게 다른지. 'delay'와 'postpone'은 어떤 차이가 있는지 궁금하다면 꼭 읽어보세요.

단어공부뿐만 아니라 영어공부 전체를 놓고 봐도 영어 실력은 결국 탄탄한 기초가 관건이라고 생각해요. 작은 차이가 명품을 만든다는 광고 카피처럼요. 영어 실력을 키우려면 안다고 생각한 것이 정말 맞는지 자꾸만 의심을 품고 확인해야 합니다.

영어는 구어체의 'informal'한 표현과 문어체의 'formal'한 표현으로 나뉘는데요. 이 부분을 숙지하면 좀 더 격식을 갖춰야 하는 상황에서 멋지게 활용할 수 있습니다. 단어의 짝들을 머리에 차곡차곡 넣어두고, 그때그때 상황에 따라 적절하게 골라서 쓰는 겁니다.

Informal	Formal
see	observe
sick	ill
ask for	request
show	demonstrate
empty	vacant
blow up	explode
mend	repair
mad	insane
want	desire
help	assist
stop	cease
ask	enquire
need	require
live	reside

나의 마지막 영어공부

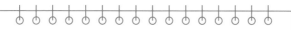

기본이지만 놓칠 수 없는 단어공부 ②

It's going to be hard, but hard is not impossible!
어렵겠지만, 어렵다고 불가능한 건 아니니까!

가산명사와
불가산명사

"staff의 복수형은 뭐죠?"

가끔 잘난 척하고 싶을 때면 'wicked(사악한)' 미소를 띠며 이런 질문을 하곤 합니다. 'staffs' 아니냐는 대답이 가장 많아요. 단어가 'f'로 끝나니까 'v'로 바꿔서 'staves'라고 대답하는 경우도 있고요. 여러분은 질문의 함정을 눈치채셨나요? 사실 'staff'는 거의 모든 경우 복수형을 쓰지 않습니다. 네이버 영어사전의 설명을 보면 단수로 'a staff of ten(10명으로 이뤄진 직원)'이라 표현하기도 하고 복수로 'ten staff(10명의 직원들)'라고 표현하기도 하지만 표기는 'staff'입니다. 알다시피 'staff'는 '직원'을 뜻하는데요. 개개인의 직원을 의미하는 것이 아니라 직원 전체, 즉 '팀'이라는 의미에 가깝습니다. 단어 자체가 복수의 의미를 갖고 있는 셈입니다.

단, 'staff'는 영국 영어에서는 복수로, 미국 영어에서는 단수로 취급합니다. 영국에서는 'The staff in this shop are very helpful.'이라고 하지만 미국에서는 'The staff in this shop is very helpful.'이라고 하죠. 복수형인 'staffs'는 드물게 두 팀 이상의 직원들의 집단을 나타낼 때 쓰인다고 해요. 예를 들어 'senators and their staffs(상원의원들과 그의 직원들)' 이렇게요. 한 조직의 직원들을 가리킬 때는 단수형을 쓰고, 여러 조직의 스탭들을 가리킬 때는 복수형을 쓴다고 이해하면 쉽습니다.

복수형과 단수형이 어렵게 느껴지시나요? 명사를 공부할 때는 이처럼 가산명사와 불가산명사를 확인하는 것이 중요합니다.

유행어까지 굳이
외울 필요는 없다

요즘에는 참 재미있는 유행어가 많죠. 제가 좋아하는 SNS 유행어는 '#humblebrag'입니다. 'humble(겸손한)' 'brag(자랑)'의 합성어로 말 그대로 겸손한 척하면서 은근히 자랑하는 태도를 가리킵니다. 으리으리한 집 사진을 찍어 올리면서 "청소 안 된 것 좀 봐." 하고 말한다거나, 누가 봐도 예쁘고 날씬한 'selfie'를 올리면서 "나 부은 것 좀 봐." 하는 글에 애교스럽게 붙이는 말이 'humblebrag'입니다. 표현이 재미있죠?

몇 년 전에는 인터넷에서 '~하는 건 저뿐인가요?' 하는 말투가 유행한 적이 있습니다. 그때 마침 영어권에서도 'Is it just me, or~?' 하는 똑같은 말투가 유행했는데요. 이는 타인의 공감을 얻고 싶을 때 쓰는 말입니다. 나라와 언어는 달라도 사람들 생각은 비슷한 데가 있나 봅니다.

그런데 영어 약어, 은어, 유행어의 세계는 생각보다 방대합니다. "I don't know."의 줄임말 'idk', 'by the way'를 줄인 'btw' 같은 건 현지인에게는 이미 너무 널리 퍼져서 익숙한 표현입니다. 'angry'와 'hungry'를 합친 'hangry'와 같은 신

조어는 직관적이고 쉬운 편이지만 'selfiegenic(셀카 중독자)' 'instagrammable(인스타그램에 올릴 만한)' 등의 단어는 저에게도 생소한 편이에요.

한 가지 조언을 드리자면 이런 유행어를 단어 외우듯이 달달 암기할 필요는 없습니다. 한국에서도 과거에 널리 쓰이던 '간지' '짱' 같은 유행어는 이제 잘 보이지 않잖아요? 영어도 마찬가지예요. 인터넷에서 널리 쓰이는 유행어라고 해서 굳이 시간과 노력을 들여 외울 필요는 없습니다. 언제 한물간 표현이 될지 모르니까요. 그럼 공들여서 외우면 좋을 법한 표현은 대체 뭘까요?

낱말의 짝을 많이 알면
'있어' 보여요

통역을 배우고 있는 대학원생 혹은 학부생을 대상으로 종종 강의를 할 기회가 있습니다. 그럴 때면 저는 영어공부 못지않게 국어공부가 중요하다고 강조합니다. 특히 낱말의 짝을 알아두면 좀 더 야무지게 말할 수 있다고 강조해요. 가령 이런 것들입니다.

야스쿠니-전범-합사

시신-구-인양

예산-집행

　신문을 읽으면서 '그래, 야스쿠니 신사에는 전범이 합사되어 있구나.' '시신을 세는 단위는 구였지?' 하고 따로 정리해서 틈틈이 읽는 것입니다. 16개 언어를 구사하는 통역사 롬브 커토가 집필한 『언어 공부』에 따르면, 이렇게 단어를 묶어서 익히면 한 단어와 다른 단어와의 관계를 더욱 잘 이해할 수 있다고 합니다. 문맥을 통해 기억에 각인되면 필요할 때 그 단어가 더욱 잘 떠오르기 때문입니다.

　문법이나 발음, 영어공부의 다른 부분들에 비하면 단어공부는 그 방법이 지극히 단순합니다. 그래서 덜 재미있게 느껴지기도 하지만 어휘는 말을 더욱 풍성하게 해주는 재료이자 조미료입니다. 더 많이 접하고, 외우는 게 좋습니다. 이왕이면 단어만 외우기보다는 영어로 정의된 뜻까지 함께 암기해서 영어의 세계를 확장해나가길 바랍니다.

　그리고 하나 더. 어휘는 성인인 우리가 가장 단기간에 실력을 올릴 수 있는 영역입니다. 무엇이든 빠르게 흡수하고 유연하게 적용하는 능력은 어린 시절의 말랑한 뇌에게 밀릴지라도, 우리에겐 강한 집중력과 아직은 굳건한 암기력이 있으니까요. 단어라는 벽돌로 조금씩 견고하게 영어라는 집을 쌓아올립시다.

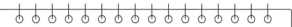

기본이지만 놓칠 수 없는 단어공부 ③

Every good writer has much idiom; it is the life and spirit of language.
훌륭한 작가는 모두 다양한 숙어를 알고 있는 법. 숙어는 곧 언어의 생명이자 혼이다.

_월터 랜더

어휘력을 풍부하게 만드는 방법에 대해 좀 더 이야기해볼게요. 통역사로 일한 지 2년쯤 되었을 때, 저는 이란계 미국인 엔지니어를 상대하는 반도체 관련 프로젝트에 투입되었습니다. 이란계 미국인을 만난 건 처음이었는데요. 공과 사를 정확하게 구분하는 서구권 사람들과는 조금 달랐어요. 점심시간이나 휴식시간에 살아온 이야기를 흥미진진하게 들려줬습니다.

1979년 이란 혁명이 일어나자 의사였던 부친께서 온 가족을 이끌고 이란을 탈출해 미국으로 오셨다고 해요. 이런 건 정치외교학과 수업에서나 들었던 이야기였는데 정말 신기했어요. 입담도 좋으시고 친화력 있는 분이셔서 이야기가 굉장히 흥미진진했죠. 부친이 '의사'였다고 강조하는 모습에선 약간의 방어기제가 느껴지기도 했습니다. '오해하지 마. 원래부터 부유했었어. 네가 생각하는 그런 이민자들과는 달라.' 하는 느낌이었어요.

그는 저에게 "너의 고충을 내가 너무 잘 알아. 나도 우리 집안에서는 이란어와 영어 소통을 돕는 '통역사' 역할을 하거든!" 하고 말했어요. 통역의 어려움을 이해하신다고 하니 저도 친밀감을 많이 느꼈어요. 그러던 어느 날, 그가 이렇게 물었어요.

"Then, I used to take it for granted. Oh, do you know what 'take it for granted' means?"

(그때는 내가 그걸 당연하게 여겼었지. 그런데 '당연하게 여기다'가 무슨 뜻인지는 알지?)

사실 통역사로 산 지 10년이 넘은 지금도 동료들과 푸념하곤 합니다. "아직도 세상에서 제일 어려운 게 take, get, put이야!" 하고 말이죠. 그만큼 그냥 단어만 뚝 떨어뜨려 놓고는 결코 의미

나의 마지막 영어공부

를 알 수 없는 숙어의 세계가 버겁게 느껴졌어요. 하지만 'take it for granted'의 의미 정도는 알고 있었죠. 아주 널리, 자주 쓰이는 표현이니까요. 그런데 당시에 저는 자신감이 부족한 불안정 (insecure)한 햇병아리 통역사였기에 그만 위축되고 맙니다.

'그렇게 쉬운 표현도 모를 것 같을 정도로 내 영어가 엉망이었나?'

지금이라면 "그 정도는 당연히 알지!" 쿨하게 넘어갈 것 같지만, 그때는 그 한마디에 너무 많은 생각을 해버렸어요. 딱히 저를 공격한 발언도 아니었는데 잔뜩 위축되고 말았죠. 이후 남은 프로젝트 기간이 어떻게 지나갔는지 기억도 잘 나지 않아요. 영어로 말을 뱉는 순간이 전보다 훨씬 망설여졌고, 작은 문법적 실수에도 크게 부끄러워했던 기억만 남아 있습니다.

추운 계절을 나면서 나무에는 나이테가 생깁니다. '어쩌다 보니' 영어를 공부하고 다루는 길을 걸어온 제가, 이 길을 돌아보면 가장 자랑스러운 건 바로 '위축'과 '성장'을 반복해왔다는 것입니다. 위축될 때 멈추지 않았어요. 잠깐씩 침잠(沈潛)해서 상처가 아물기를 기다리는 시간이 필요하긴 했습니다. 그럴 때면 사랑하는 가족과 친구들의 도움이 큰 힘이 되었고요. 이 과정을 반복하면서 저는 성장했고 영어라는 언어를 더욱 사랑하게 되었습니다.

땅콩과 바나나는
미쳤어요?

어쨌거나 가장 중요한 건 이런 'idiom(숙어)' 그리고 'colloquial(구어적)' 표현은 많이 외워둘수록 든든하다는 겁니다.

"You're nuts!"

"I'm going to go bananas!"

누군가 이렇게 말한다면 어떻게 해석해야 할까요? 숙어와 구어적 표현을 모른다면 이해하기 힘든 문장일 것입니다. 'You're nuts!'는 '정신 나갔어!'의 의미입니다(어째서인지 'nuts'로 복수형을 쓴다는 것도 눈여겨보세요). 그리고 'go bananas!'는 좀 더 세게 '돌았어!' 정도를 뜻합니다. 땅콩과 바나나가 어째서 이런 의미를

나의 마지막 영어공부

갖게 되었는지는 모르겠지만요.

무언가에 대해 "그거라면 이 몸이 전문가야, 에헴!" 하고 잘난 척하고 싶을 때는 "…is my middle name!"이라고 합니다. 반대로 당최 무슨 말인지 전혀 이해가 되지 않을 때는 "It sounds all Greek to me!"라고 하죠. 직역하면 그리스어처럼 들린다는 뜻인데 어떤 의미인지 확 와닿죠? 세상을 떠난다는 뜻의 'kick the bucket'이라는 표현은 어떤가요? 여기서 'bucket'은 버킷리스트(죽기 전에 꼭 하고 싶은 일의 목록)의 그 'bucket'이라고 합니다. 양동이를 걷어찬다는 다소 거친 이미지와 달리 비속어 표현은 아니라고 해요.

'storm in a teacup(찻잔 속 폭풍)'은 별것 아닌 일에 과도하게 야단법석을 떠는 경우에 사용합니다. 'my cup of tea(내 입맛에 딱 맞는 홍차)'는 "딱 내 스타일이야!"와 등가를 이루는(equivalent) 표현이죠. 반대로 'not my cup of tea'는 '내 취향이 아닌 것'을 표현할 때 씁니다. 이런 표현을 마주할 때마다 잠깐 잊고 있었던 '영어는 잉글랜드의 말'이라는 사실을 상기하게 되어 재미있습니다. 영어가 홍차를 무척 좋아하는 나라에서 온 언어라는 것을요.

구글이라는 정보의 바다에서 펄떡펄떡 살아 있는 영어 표현들을 건져 올려 정리하고 외워보세요. 단어공부를 위해 굳이 딱딱한 단어책을 암기하고, 듣기공부를 위해 지루한 리스닝 교재를 사야 하는 시대는 지났습니다. 이제는 그 무엇도 교재가 될 수 있어요.

나의 마지막 영어공부

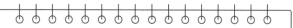

한국적인 표현을
영어로 연습해보자

If you can't tolerate critics, don't do anything new or interesting.
비판하는 사람들을 견딜 수 없다면 새롭거나 흥미를 끄는 일은 하지 마라.

_제프 베이조스

'우수'라는 말을 들으면 저는 24절기 중 하나인 우수(雨水)가 가장 먼저 떠오릅니다. 입춘과 경칩 사이, 양력으로 2월 19일에서 20일경 눈이 녹아서 비가 되어 봄을 맞게 되는 시기를 말한다고 해요. 입춘, 경칩, 소한, 대한 등 다른 절기에 비해 생소한 '우수'를 제가 잊을 수 없는 건, 2006년 통역대학원에서 겪은 일 때문입니다. 1학년 1학기 중간고사에 바로 이 우수라는 단어가 나왔거든요.

통역대학원 수업은 대개 연사 역할을 맡은 학생 또는 교수님께서 한국어 또는 영어 연설문의 일부를 읽으면 지명된 학생이 이 부분을 영어 또는 한국어로 옮기는 방식입니다. 통역 발표가 끝나면 잘한 부분과 못한 부분, 미처 통역하지 못하고 놓친 부분을 '크리틱(발표 내용에 대해 비판하고 대안을 제시하는 수업 방식)'하는 순서가 이어지죠.

중간고사 문제로 출제된 어느 정치인의 연설문에 바로 이 '우수'가 등장했어요. 가뜩이나 실력에 자신이 없어 위축되어 있던 시절이었습니다. '대학원에서 배우면 저절로 영어 실력이 좋아지겠지?' 하는 순진한 생각은 수업시간마다 이어진 크리틱으로 박살났어요. 사람이 자신감을 잃으면 자존감이 떨어집니다. 그러면 아는 것도 틀리고, 쉬운 것도 실수해요. 급기야 저는 'defense'와 'offense'를 헷갈리는 지경에 이르렀고, 교수님께서는 "그것도 모르는 사람이 대학원엔 어떻게 온 거냐?"라며 혼내셨어요. 부끄럽고 속상했습니다.

조금 다른 이야기지만, 영어를 손쉽게 시원시원하게 잘하려면 영어권에 오래 살아야 해요. 그게 가장 확실한 해법입니다. 전 그러지 못했으니 깨지고 다치기를 반복하면서 공부하는 수밖에 없었죠. 이 책을 읽고 있는 독자 여러분도 아마 저와 비슷한 상황일 것이라고 생각해요. 어쩌다 통역사가 된 저는 먼 길을 힘들게 걸어왔지만, 여러분은 이 책을 통해 노력과 시간을 덜 들이는 지름길을 찾게 되길 바랍니다.

영어를 우리말로 헤아리는
연습이 필요한 이유

다시 '우수' 이야기를 하자면, 저는 수업시간만 되면 주눅이 들었어요. 그런데 이 중간고사를 계기로 처음으로 칭찬을 들을 수 있었습니다. 교수님께서 중간고사로 제시한 '오늘은 눈이 녹아 비가 된다는 우수입니다. 마침 대지를 촉촉이 적시는 비가 내려…' 하는 연설문의 내용을 '그나마' 이해하고 영어로 옮기려 한 티가 났다는 피드백을 받았죠. 나중에야 알게 되었습니다. 우리나라 연설문의 앞머리에는 아주 빈번하게 24절기 이야기가 등장한다는 것을요.

24절기에는 뭐가 있고, 어느 계절이 있는지, 무엇을 의미하는지 검색해서 한 번 쭉 읽어놓는 것만으로 영어공부에 큰 도움이 되었습니다. 여러분도 연설문을 통역하는 공부를 하지는 않더라도 문화적인 개념을 이해하기 위해 한글 연설문을 영어로 옮기는 연습을 해보세요. 표현력도 좋아지고 실제로 외국 사람과 대화를 하는 상황에서 유용할 거라고 생각합니다.

대학원 은사이신 최정화, 임향옥 교수님께서 쓰신 『This is Korea』라는 책은 한국 문화를 영어로 표현하는 법을 공부하기에 좋습니다. 'Samjinnal(삼짇날, migration of swallows return)' 'Hansik(한식, visiting of ancestral graves)' 등 우리나라 명절에 대한 이야기, 음식이나 음악에 대한 소개는 물론이고 한국식 나이 세기 등에 대한 이야기를 굉장히 쉬운 영어로 풀어놓아 재미있습니다. 저는 이 책을 여러 권 구입해서 우리나라에 대해 궁금해하는 외국인 친구들에게 몇 번 선물하기도 했어요.

두 분 교수님께서 쓰신 다른 책 『우리말 표현 격언·속담·사자성어를 영어로 뭐라 할까?』도 추천해요. 이 책의 매력은 영어권 속담이나 격언 중에 딱 맞아떨어지는 표현이 있는 경우에는 그 표현을 소개하지만, 1:1로 대응하는 표현이 없는 경우에는 외국인도 그 의미를 무리 없이 이해할 수 있도록 풀어서 표현했다는 거예요. 예를 들어 새옹지마(塞翁之馬, 세상사가 자주 변하기 때문에 행복과 불행이 언제 어떻게 바뀔지 모른다는 뜻)는 'a blessing in disguise' 'every cloud has a silver lining', 원청즉유청(源淸則

流淸, 윗물이 맑아야 아랫물이 맑다는 뜻)은 'the upper stretches of the stream must be clean for the lower stretches to be so', 이전투구(泥田鬪狗, 볼썽사납게 서로 헐뜯거나 다투는 모양을 비유하는 말)는 'to fight like cats and dogs', 승승장구(乘勝長驅, 싸움에 이긴 여세를 타고 계속 몰아친다는 뜻)는 'everything is going his/her way'로 표현할 수 있어요.

저마다 영어공부를 해야 하는 목적은 다르지만 외국인 친구와 만나 우리나라 문화에 대해 즐겁게 이야기 나누고 싶은 마음은 같을 것입니다. 그러기 위해서는 영어를 우리말로 헤아리는 연습이 필요합니다. 김치는 어떻게 설명할지, 여수 밤바다와 을지로 맛집은 어떻게 소개할지, 아리랑과 가야금, K팝에 대해서는 또 어떤 이야기를 해줄지 염두에 두고 공부해보면 의미 있지 않을까요?

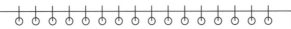

절박함과 실력은
비례하지 않기에

Excellence is not a singular act, but a habit. You are what you repeatedly do.
탁월함은 한 번의 행동이 아니라 습관이다. 반복적으로 행한 것이 당신을 이룬다.

_샤킬 오닐

"만화 〈슬램덩크〉의 등장인물 중에 누굴 가장 좋아하세요?"

처음 보는 사람과 'ice-breaking'을 할 때 자주 써먹는 말입니다. 우리 세대는 일본 만화 〈슬램덩크〉에 등장하는 인물들을 친구처럼 생각하고 자란 세대니까요. 특히 남자분들과 대화할 때 이 질문을 던지면 말문이 술술 트이더라고요. 강백호, 서태웅, 정대만 등을 떠올리며 학창 시절을 상기하는 독자분이 계시다면 아마 저와 비슷한 또래일 겁니다.

저는 능남고등학교의 에이스 윤대협을 가장 좋아합니다. 늘 웃고, 살짝 힘을 빼고 즐기면서 농구를 하는 모습이 멋있더라고요. 저는 '이글이글'보다는 '능글능글'이 좋습니다. 윤대협을 좋아했던 어린 시절을 떠올리면 '어려서부터 나의 지향하는 바는 참으로 일관적이었구나.' 싶어서 재미있어요.

다른 만화 이야기를 하나 더 해볼까요? 〈유리가면〉의 주인공 마야는 연극무대에 설 때마다 배역에 100% 몰입하는, 이른바 '메소드 연기'를 구사합니다. 마야가 비장하게 결심하고 연기할 때면 만화에서는 눈동자의 초점이 없어지는 작화로 연출되는데요. 저는 어려서부터 주인공 마야의 연기에 대한 열정은 존중했지만 그녀처럼 되고 싶지는 않았습니다. 어떤 대의(大義)를 위해 자기 자신의 존재감을 지우고 '일' 그 자체가 되는 건 싫었어요. 절박하고 간절한 건 어쩐지 멋이 없었거든요.

실제로 무슨 일이든 약간 여백을 두고 즐기면서 하는 편입니다. 여유 있게 일할 때 결과도 더 좋았다고 생각해요. 제 일에 있어서도 마찬가지입니다. 통역을 업으로 삼고 있지만, 그럼에도 저는 제 인생에서 '통역'이란 일이 사라져도 여전히 개성 있고 가치 있는 '인격'이 남기를 원합니다.

당신의
롤모델은?

한번은 굉장히 난이도 높은 통역 일을 맡은 적이 있어요. 회의 장소는 강북의 어느 한 호텔이었습니다. 아름다운 가을 전경을 한눈에 볼 수 있는 전망 좋은 곳에서 진행된 회의였지만, 저는 예쁜 풍경이 원망스러울 정도로 일이 바빴습니다. 동시통역이 진행되는 도중에도 통역 부스의 문이 열리고 '이 단어는 그냥 영어로 전달해주세요.' '이런 말이 나오면 통역하지 말고 자연스럽게 넘어가주세요.' 등 요구사항을 적은 메모가 끊임없이 들어왔습니다. 귀로 들어온 내용을 머리에서 다른 언어로 빠르게 재생산하는 과정도 벅찬데, 동시에 메모까지 이해하고 반영하자니 머리에서 김이 모락모락 날 것 같았습니다.

'What would 윤대협 do?'

(윤대협이라면 어떻게 했을까?)

저는 이때 어떤 상황에서도 능글능글 웃고 있는 윤대협을 생각했습니다. 일반적으로 크리스트교 문화가 뿌리 깊은 영어권

나의 마지막 영어공부

에서는 흔히 타인에게 베푸는 선행을 강조할 때 "What would Jesus do?(예수님이라면 어떻게 했을까?)"라는 표현을 씁니다. 그런데 전 위기상황에서 엉뚱하게도 윤대협을 떠올린 것입니다.

찰나의 궁리 끝에 스스로 얻은 답은 어려울수록 웃으면서, 의연하게 임하자는 것이었어요. 전 윤대협의 농구가 우아하다고 생각해요. 어깨에 힘을 뺀 낙천적이고 의연한 태도가 멋집니다. 그리고 조금씩 경험이 쌓일수록 이런 방식으로 일하는 게 옳다는 확신이 들었어요. 잘하고 싶다는 욕심을 앞세우고 힘이 팍 들어가면 실수가 생기기 마련입니다.

통역사로 일하며 신문에 글을 기고하면서 저는 첫 책 『통역사의 일』을 출간하게 됩니다. 이로 인해 방송, 잡지 등에서 몇 번인가 인터뷰를 할 기회가 생겼죠. 다른 이의 생각을 전하는 일을 해온 제가 스스로의 생각을 전하다니, 신기한 경험이었습니다. 대학생을 대상으로 한 모 잡지사와 인터뷰를 진행할 때는 "어떻게 통역사가 될 마음을 먹게 되었나요?"라는 질문을 받았어요. 멋있게 대답했어야 하는데 "통역대학원이 있는 대학을 다니다 보니 유명한 통역사 출신 교수님들을 자주 볼 수 있었어요. 그래서 나도 한번 해보고 싶다는 생각을 했죠."라고 말했습니다. 마음이 해이해지거나 슬럼프가 찾아온 시기에도 저는 곽중철, 최정화 교수님처럼 역사적인 순간에 통역사로 참여하셨던 베테랑분들이 '지나다니시는' 모습을 보며 마음을 다잡을 수 있었어요. 규모가 아담하기로 유명한 모교 캠퍼스의 이점이었을까요?

최정화 교수님의 책에서 'You can put up with this pain(이 고통을 견뎌낼 수 있습니다).'이라는 표현을 읽고 수첩에 또박또박 옮겨 적었던 기억도 납니다. 그때의 기억 덕분에 'put up with(~을 견디다)'라는 표현을 외울 수 있었죠. 제가 영어공부를 하며 절박하지 않게, 저 자신을 잃지 않게 단정한 마음으로 임할 수 있었던 건 윤대협 덕분이었어요. 그리고 힘들 때 존재만으로도 정신이 번쩍 들게 해주신 교수님들의 존재도 있었죠. 여러분의 롤모델은 누구인가요? 실존하든 아니든 롤모델의 존재는 우리의 성장에 큰 도움이 됩니다. 여러분도 자신만의 롤모델을 찾기 바랍니다.

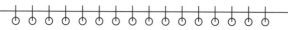

포기와
집중의 미학

Professionalism: It's NOT the job you DO, It's HOW you DO the job.
프로페셔널리즘은 무슨 일을 하느냐가 아니라 어떻게 일을 하느냐다.
_시브 케라

과거 기자로 근무하던 시절의 이야기입니다. 제가 일했던 〈매일경제〉 사회부는 교육팀, 법조팀, 행정팀 이렇게 3개 팀으로 구성되어 있었습니다. 사회부 취재 기자들은 이 팀들 중 한 곳에 소속되어 각자의 '나와바리', 그러니까 출입처가 있어 그곳에서 나오는 소식을 담당했어요. 당시 저는 교육팀 소속으로 교육청 및 일부 대학에 대한 기사를 작성했습니다.

어느 금요일이었습니다. 그날은 할당된 기사의 수는 많았지만 딱히 굵직한 기사는 없어서 하나하나 깔끔하게 '치워내면' 되는 일과였어요.

그런데 오후에 갑자기 큰 이슈가 생겼습니다. 당시 뜨거운 화두였던 로스쿨 도입과 관련된 정부 발표로 저희 부서는 갑자기 분주해집니다. 직업인 개인이 조절해야 하는 스트레스 정도는 업무량이 많고 적음에 따라 달라지기 마련이지만, 예측 가능성(predictability) 혹은 확실성(certainty)이 미치는 영향도 큽니다. 마감시간이 불과 얼마 남지 않은 상황에서 갑작스레 새로운 일이 벌어지자 저는 불안감에 사로 잡혔어요. 마음은 급했지만 '자잘한 업무부터 최대한 빠르게 해치우자. 그럼 중요한 일에 더 공을 들일 수 있어.' 하고 생각했고, 작은 일부터 차근차근 해결하기 위해 노력했습니다. 그러던 중 팀장인 H선배로부터 전화가 왔어요.

"소운, 고생이 많다. 얼마나 했냐?"
"네, 일단은 스트레이트 기사부터 쓰고…"

말이 채 끝나기도 전에 휴대폰으로 불벼락이 날아듭니다.

"야! 중요한 것부터 해야지. 지금 뭐하는 거야!"

내가 게으름을 피우고 있었던 것도 아닌데, 당시에는 나름 억울했어요. 그런데 이제 와서 생각해보니 H선배로부터 정말 귀한 걸 배웠구나 싶습니다. 한정된 시간을 잘 활용하기 위해서는 이것저것 다 잘하고 싶다고 욕심을 부릴 게 아니라 우선순위를 매겨서 가장 중요한 일부터 하나씩 해결해야 합니다. 이게 바로 (발음도 어려운) 'prioritize(우선순위를 매기다)'란 것이죠. 일에 우선순위를 정하면 시간관리를 효율적으로 할 수 있습니다.

물론 지금도 제가 취했던 방식이 완전히 틀렸다고 생각하진 않아요. 'low-hanging fruit(낮게 달린 열매)'라는 말로 좀 변명을 하고 싶어요. 나무에 낮게 달린 열매는 'easy-to-reach', 즉 손을 뻗으면 쉽게 닿을 수 있습니다. 상대적으로 덜 중요한 'easy-to-accomplish(쉽게 달성할 수 있는)' 'easy-to-solve(쉽게 해결할 수 있는)' 일을 먼저 해치워서 나중에 더 큰 과업에 집중할 수 있는 시간을 버는 것도 좋은 전략 아닐까요? 결국 일의 순서 자체보다는 이게 'low-hanging fruit'인지, 아니면 'top priority'인지 인지하는 게 중요한 것 같아요.

선택과 집중보다는
포기와 집중을

개인적으로 저는 '선택과 집중'보다 '포기와 집중'이라는 표현을 더 좋아합니다. 말에서 느껴지는 과감함이 좋아요. 그 누구도 주어진 업무를 모조리 야무지게 해낼 수는 없어요. 중요한 순서대로 줄을 세우고, 감당할 수 있는 정도만 깔끔하게 해내는 게 중요합니다. 불필요한 나머지는 포기할 줄도 알아야 해요. 예를 들어 이 글을 쓰고 있는 오늘, 저는 반도체 분야 통역 준비와 의학 분야 번역을 뒤로 미뤄두고 일단 글쓰기에 온전히 몰입하기로 했어요. 학생이든, 회사원이든, 저처럼 프리랜서든 결국 중요한 건 '일의 우선순위'입니다. 넘치는 'task(과업)'에 압도되어 슬금슬금 현실을 외면하기보다는, 과감하게 가장 중요한 일부터 하나씩 해내는 편이 낫습니다.

외국어는 물론 평생의 과제입니다. 그만큼 배우고, 숙지하고, 외워야 할 부분이 많아요. 하지만 영어도 업무처럼 프로젝트 개념으로 접근하면 어떨까요? 일잘러가 곧 말잘러입니다. IT 위키에서는 '프로젝트'를 '고유한 제품, 서비스 등의 결과를 만들어내기 위해 수행되는 한시적인 노력'이라고 정의합니다. 즉

'unique(고유한)' 결과물을 내기 위해 'temporary(한시적)' 시작과 끝을 정해놓고 행하는 과업인 셈이죠. 막연하게 '열심히' 갖고는 부족해요. 내가 언제부터 언제까지는 어떠한 결과를 내겠다고 스스로 목표를 세우고 프로젝트처럼 수행해봅시다. 그러기 위해서는 외국어를 공부해서 얻고자 하는 것이 무엇인지, 어느 정도 수준인지 스스로 잘 알고 있어야겠죠.

그렇다면 영어의 우선순위는 무엇일까요. 문법? 어휘? 말하기? 듣기? 독해? 작문? 사실 우선순위는 없습니다. 언어란 그렇게 분절되어 있지 않아요. 외국어를 원활하게 사용하기 위해서는 모든 항목, 모든 단계를 차근히 공부해야 합니다. 전 단계에서 하나씩 'build-up' 'bulk-up' 해야 실력이 늘기 때문입니다. 다만 그 접근 방식에 있어서는 조금씩 전략과 전술을 달리할 수는 있어요. 중고등학생이라면 내신을 위한 영어와 수능을 위한 영어가 많이 다르다고 느낄 겁니다. 대학에 들어간 후에도 전공으로 배우는 영어와 외국에서 공부하기 위한 영어, 취업을 위한 영어, 인증시험을 위한 영어가 조금씩 다르죠. 사회에 나가서는 또 다른 색깔의 업무용 영어를 익혀야 합니다.

사실 숫자로 따지면 영어가 인생에 있어서 보조적인 무언가, 그러니까 알고 있으면 유용한 수단인 정도가 가장 많을 겁니다.

이런 분들에게 영어는 최우선 과제는 아니죠. 시간과 비용이 한정적인 가운데, 영어에만 오롯이 노력을 기울일 수는 없는 노릇입니다. 그렇다면 어떤 식으로 영어공부를 해야 할까요? 저는 이런 분들을 위해 이른바 '가성비' 좋은 영어공부법을 추천합니다.

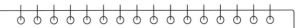

가성비 좋은
영어공부법은?

If your life has no problems, you're not really living it.
삶에 아무 문제가 없다면, 제대로 살고 있는 게 아니다.

_라이언 히가

"통역사님의 시간관리 비결이 궁금합니다!"

학생을 대상으로 멘토링 프로그램이나 강의를 진행할 때 종
종 받는 질문입니다. 이런 질문을 받으면 '내가 너무 바쁜 척을
했나?' 머쓱하기도 해요. 도움이 될 만한 답을 드리기 위해 곰곰
이 생각하다 이렇게 답하곤 합니다.

"제가 시간을 관리하는 게 아니라 시간이 저를 관리하더라고요. 번역 납기, 원고 마감, 통역 일로부터 역산해서 언제부터 준비하면 좋을지 그 기한을 '최소'로 잡고 되도록 이때가 되기 전에 미리 시작해요. 그래서 일찍 끝내면 좋고, 아니어도 일을 미리 시작했으니 충분한 시간은 확보한 셈이죠. 초월적인 인내심이 없다면 주어진 시간을 100% 다 활용하겠다는 생각은 애초에 접는 게 좋아요."

주어진 시간을 100% 다 활용할 만큼 인내심이 뛰어나다면 시간관리 노하우가 궁금하지도 않았을 겁니다. 시간을 효율적으로 쓰기 위해서는 우선순위를 정할 때 수면시간을 '절대 사수'해야 합니다. 멍하게 잠시 TV를 보거나 SNS를 들여다보는 시간은 줄이더라도 자는 시간은 결코 줄여서는 안 됩니다. 사람마다 다를 수 있지만 잠을 줄이면 보통 결과물의 퀄리티가 나빠지더라고요.

그런가 하면 통역 현장에서 고객사 측에서 "어떻게 하면 그렇게 영어를 잘할 수 있어요?" 하고 묻기도 합니다. 이 역시 부끄러운 기분이 드는 질문입니다. 저는 보통 "이 정도 시간을 투자했는데 이만큼도 못하면 이상한 거예요." 하고 답하곤 해요. 통역사가 되기 위한 공부는 질보다는 양입니다. 눈앞에 주어진 가장 큰 과제가 영어를 잘 알아듣고 한국어로 옮기고, 반대로 한국어를 잘 알아듣고 영어로 옮기는 일이니까요. 다른 친구들이 취업을 위해 경제와 경영을 공부할 때 저는 영어에 집중했습니다. 다른 친구들이 컴퓨터 자격증을 딸 때도 전 영어에 매달리고 있었고요. 그런데 여러분은 아마 이렇게 영어 하나만을 위해 시간을 투자할 수는 없을 겁니다.

1. 하기 싫어도 해야 한다.

2. 최소한만 한다.

앞뒤가 맞지 않는 주장을 하는 것처럼 보이지만 제가 생각하는 가성비 공부법의 골자는 바로 이렇습니다. 영어도 결국은 공부입니다. 하기 싫어도 해야 하는 과정이 필수적입니다. 스스로의 'threshold value(문턱이라는 말이 가치와 합쳐져 '역치'를 의미하게 되는 게 재미있지 않나요?)'를 조금씩 높여나가기 위해서는 어쩔 수 없어요. 그래서 저는 하루에 몇 분이면 귀와 입이 시원하게 뚫린다거나, 자그마한 학습지로 가볍게 영어를 정복할 수 있다는 말을 좋아하지 않아요.

낙숫물이 돌을 뚫는다고, 적은 시간을 투자하더라도 꾸준히 해야 한다는 주장에는 일리가 있지만 굉장히 막연한 말이기도 합니다. 외국어는 범위가 딱히 정해져 있지 않은 방대한 세계이기 때문이죠. 그 맛을 보고, 윤곽을 잡고, 마침내 풍덩 빠져들어 자유롭게 헤엄치기 위해서는 많은 시간을 투자해야 합니다.

오늘 하루 기분이 꿀꿀해서, 몸이 피곤해서 영어공부를 안 하고 넘어가고 싶은 그 마음을 저도 이해합니다. 하지만 이겨내야 합니다. 동시에 미련하게 붙잡고만 있지 말고 민첩하게, 시원시원하게 공부해야겠죠.

영어공부를 위한
최적의 창구, 유튜브

고맙게도 요즘은 외국에 나가지 않아도, 학원에 등록하지 않아도, 심지어 어렵사리 어떤 파일을 다운로드 하지 않아도 유튜브를 통해 생생한 원어민의 언어를 접할 수 있어요. 저 역시 몇 년간 기자 생활을 하며, 어렵게 공부한 영어가 퇴보하면 어쩌나 고민하던 시절이 있었습니다. 아마 그때가 제게는 유일하게 직업적인 소명감 없이 자기계발로 영어공부를 하던 때가 아니었나 싶어요. 그때 마침 유튜브라는 새로운 동영상 플랫폼이 등장했어요(무려 구글이 유튜브를 인수하기 전 이야기입니다). 메이크업 튜토리얼, 일상 브이로그, 먹방 등 요즘도 널리 인기 있는 콘텐츠의 조상 격인 동영상이 막 올라오던 무렵입니다.

할리우드 배우가 아닌, 친숙하게 느껴지는 평범한 외국인들의 짤막한 동영상을 보며 저는 영어와 멀어지지 않을 수 있었습니다. 사견이지만 어쩐지 아시아계 미국인들이 제작한 동영상이 특히 도움이 많이 되더라고요. 즐겁게 봤던 채널 중에 예쁜 미국 고등학생이 메이크업 동영상을 올리는 채널이 있었는데, 요즘 말로 하면 'attention seeker(관종)' 기질이 농후했어요. 어느 날은 자기를 싫어하는 사람(hater)들이 아무리 욕해도 자기는 자기 길을 가겠다는 내용으로 길게 말한 동영상을 올렸는데, 급기야 울음을 터뜨리며 "Oh my God, I got emotional(내가 감정이 복받치네요)."라고 말하더라고요. 덕분에 사전과는 살짝 뉘앙스가 다른 'emotional'의 다른 의미를 익힐 수 있었던 기억이 납니다.

실제로 현지인이 쓰는 말을 들어보면 사전'만' 믿기에는 뉘앙스가 다른 단어가 꽤 있어요. 예를 들어 사전에서는 '판단하는'이라고 아주 중립적으로 설명해주는 'judging'의 경우 객관적인 판단만 뜻하는 게 아니라 '매사 평가하고 시시비비(是是非非)를 가리려고 드는'의 의미로 쓰이기도 합니다. 예문을 살펴볼게요.

"Spencer behaves like judging me. He said, 'It sounds like you didn't try hard enough,' and gave me the 'head-to-toe' glance!"

(스펜서가 날 평가하듯이 굴어요. "충분히 노력하지 않았다는 것 같네." 하면서 아래위로 훑어보더라고요!)

또 자주 오역하는 사례로는 'relatable'이 있습니다. 사전에서는 주로 '연결되어 있다고 느끼는' 정도로 해석되는데요. 이 말은 사실 '공감할 만한'에 가깝습니다. 그래서 SNS에 올라오는 '공감놀이' 포스팅에는 대개 'Can you relate?(공감하는 사람?)'이라는 문장이 있어요.

그런가 하면 하와이에 사는 일본계 미국인 유튜버 '니가히가 (Nigahiga)'가 만든 코미디 콘텐츠를 보며 영어공부를 하기도 했습니다. 본명은 라이언 히가로, 어쩐지 과격했지만 재미있기도 하고 유행하는 'slang(속어)'을 하나씩 수집할 수 있어서 좋았어요. 세월이 흐르고 흘러 제 나이의 앞자리가 두 번 바뀐 어느 날,

갑자기 니가히가는 요즘 뭘 하고 살까 궁금해서 검색해보니 이제는 초창기 유튜버 스타로 아주 유명한 사람이 되어 있더라고요. 제가 몇백 명뿐이던 그의 초창기 구독자 중 한 명이었는데 말이에요.

현지에서 생생하게 활용되고 있는 영어가 넘실거리는 유튜브를 통해 무료로 영어공부를 한다면, 그것이 가장 가성비 좋은 공부법 아닐까요? 넷플릭스와 같은 OTT는 심지어 영어 자막도 제공합니다. 잘 안 들리는 부분을 확인할 때 활용하기 좋죠. 저는 우리나라 콘텐츠를 볼 때 영어 자막을 켜놓고 비교하며 보는 것을 좋아해요. 캐주얼한 한국어에 걸맞은 캐주얼한 영어를 접할 수 있는 좋은 방법이기 때문이죠.

여러분이 준비해야 하는 건 여러분의 취향을 나타낼 키워드 정도입니다. 'makeup tutorial' 'shopping haul'도 좋고, 해외의 한류 팬이 제작한 콘텐츠를 원한다면 'korea boo'라고 검색해도 좋습니다, 심지어 먹방은 이제 영어로도 'mukbang'이라고 통용되는 분위기입니다. 관심 있는 콘텐츠를 검색해 가급적 '단정한 영어로 많이 말하는' 유튜버를 찾아보세요.

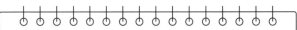

영어는 불친절하게
배워야 한다

Wear the old coat and buy the new book.
낡은 외투를 그냥 입고 새 책을 사라.

_오스틴 펠프스

1990년대, 제가 국민학생이던 시절에는 토요일에도 학교에 수업을 하러 나가야 했어요. 4교시까지 하고 12시쯤 수업이 끝나면 신이 나서 집으로 돌아왔던 기억이 납니다. 채널 2번, AFKN에서는 토요일에 하루 종일 미국 만화를 방영했는데 저는 그걸보기 위해 집까지 뛰곤 했어요.

〈가필드〉처럼 귀여운 만화를 보면서 즐거워했던 기억이 나요. 알아들어야 또 얼마나 알아들었겠어요. 알록달록 예쁜 그림

나의 마지막 영어공부

이나 보자고 TV 앞에 즐겁게 앉아 있었죠. 그때부터였을까요? 예쁜 만화의 내용을 좀 더 알아듣고 싶은 마음에 영어를 배우고 싶었어요. 지금은 AFKN이 아니더라도 얼마든지 미국, 영국 프로그램을 원하는 시간에 찾아볼 수 있으니 시대가 참 좋아진 것 같아요.

만일 그때 친절하게 자막이 달려 있는 방송을 봤더라면, 아니면 제 수준에 맞게 학습용으로 천천히 쉬운 말로 녹음한 콘텐츠를 봤더라면 저는 영어에 대한 관심과 열망을 키우지 못했을 거예요. 그래서 영어는 불친절하게 배워야 한다고 생각합니다. 친절하게 하나하나 떠먹여 주듯이 설명해주기보다는 조금 어렵더라도 영어만 쓰는 환경에 던져져야 호기심을 키울 수 있어요. 무엇보다 교육용 콘텐츠만 가지고는 실재하는 언어로서의 영어를 습득할 수 없기도 하죠. 교육적이고 공익적인 내용만 보고 들으면서 영어 실력을 키우길 기대하기보다는 일단 흥미를 끌 수 있는 무언가를 찾는 게 좋지 않을까요?

독해도 똑같습니다. 한때 영한대역문고라고 해서 한쪽 면에는 영문이, 다른 한쪽 면에는 한국어 번역본이 인쇄된 책이 학습용으로 인기를 끌었습니다. 저도 열심히 사서 읽었지만 효과가 없었어요. 왜냐하면 너무도 강렬히 본능적으로 사람의 눈은 모국어로 쏠리게 되어 있거든요! 공부를 하기가 싫었던 것도 아니고, 심지어 원문의 영어가 그리 어렵지도 않았는데 눈이 가질 않더라고요. 차라리 어렵고 복잡하더라도 영어 원서를 읽는 편이 좋습니다.

읽을 책의 난이도와 콘텐츠를 굳이 '학습용'으로 국한하지 않았으면 합니다. 저는 육아 관련 정보도 열심히 찾아 읽곤 하는데요. 어느 날 아이가 책 읽는 습관을 들일 수 있도록 이끌어주는 방법에 대한 기사를 읽은 적이 있어요. 책을 좋아하는 아이로 키우는 방법으로 다음의 두 가지를 권하더라고요.

Create a reading corner at home.

(집에 책 읽는 코너를 마련하라.)

Gift them books as rewards.

(아이에게 보상으로 책을 선물하라.)

저는 아이에게 어떤 행동에 대한 보상으로 책을 선물하라는 말이 너무 와닿았습니다. 책은 보상이지 언어 실력을 높이기 위한 도구가 아닙니다. 저는 아이가 책을 레벨별로 나눠서 오로지 읽기 훈련용으로만 대하는 걸 원치 않습니다. 책을 좋아하는 사람이 되길 원해요. 한국어책, 영어책 모두 자유롭게 읽을 수 있다면 '노는 물'이 더 넓어진다고 생각하고요.

성인의 경우도 마찬가지입니다. 궁극적으로는 책을 읽어서 영어를 잘해지는 게 아니라, (좋아하는) 책을 (더 편하게) 읽기 위해 영어공부를 하는 겁니다. 책은 한 권 한 권이 하나의 세계니까요.

독서로 독해력을
키우는 방법

독해 실력을 향상시키기 위해 영어책을 읽고 싶으시다면 다음의 방법을 참고하기 바랍니다.

일단 제가 좋아하는 방법은 한 문단을 다 읽고 나면 다시 쓰윽 빠르게 눈으로 훑으며 중심 내용을 머릿속으로 요약해보는 겁니다. 여기서 핵심은 내용을 잘 이해하고 곱씹어보는 데 있습니다. 영어 문장으로 요약하는 게 최고지만 영어로 'paraphrase' 하는 게 힘들다면 이해한 바를 토대로 한국어로 요약해도 괜찮습니다. 그것마저 귀찮다면 키워드 몇 개만 추리고 넘어가는 방법도 있어요. 다음과 같은 문단을 읽었다고 가정해봅시다.

In recent years, Washington's China policies have expanded rapidly into technology sectors such as telecommunications, semiconductors, data security, and financial services. Growing bipartisan concern about Beijing's actions and intentions have fueled these developments, with little difference between the Trump and Biden administrations or between the White House and Congress.

〈Foreign Policy〉의 2022년 2월 15일 기사입니다. 내용을 간략히 요약하면 다음과 같습니다.

영어: The U.S. policies toward China have recently expanded into many tech-related fields.
한국어: 최근 미국의 대중 정책이 다양한 기술 분야로 확장되었다.
키워드: Washington, China policies, 미중 갈등, 미국의 대중 정책

요약한 다음에는 문단을 3번씩 낭독해보세요. 이건 독해력뿐만 아니라 발성, 발음, 의미 단위로 끊어 읽기, 자연스러운 억

양, 표현 암기 등 다방면에서 도움이 되는 방식입니다. 문장을 소리 내어 읽을 때 처음엔 또박또박 보통의 속도와 보통의 목소리로 읽고, 두 번째엔 과장된 억양으로 약간 느리게 큰 목소리로 읽습니다. 그리고 세 번째 읽을 땐 최대한 빠르게 (그러나 틀리지 않게) 속닥속닥 약간 작은 목소리로 읽는 거예요.

저는 아주 오래전부터 이렇게 연습해오고 있습니다. 첫 번째 낭독을 통해 의미를 파악하고, 두 번째 낭독을 통해 앞서 파악한 의미를 바탕으로 자연스러운 강세와 어조를 익히고, 세 번째 낭독을 통해 내용을 어느 정도 암기할 수 있어요.

문단 단위로 요약하기와 3번 낭독하기 모두 제가 개발한 방법입니다. 저는 학부생 시절 아르바이트로 과외를 할 때도 이렇게 가르쳤어요. 여러분도 이번 기회에 한번 실천해보시기 바랍니다.

PART 4

영어 고수로
한 걸음 더 나아가기

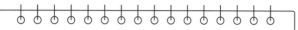

영어는 지금도
진화 중

A feature of English that makes it different compared with all other languages is its global spread.
영어가 다른 언어와 비교해볼 때 차별화되는 특징은 바로 세계적으로 널리 퍼졌다는 점이다.

_데이비드 크리스털

컬러풀한 'Peranakan(프라나칸)' 양식의 건물과 맑은 하늘, 쨍하게 쏟아지는 햇살, 더위를 피해 즐비한 쇼핑몰 아무 곳에나 들어가면 느낄 수 있는 깨끗하고 차가운 에어컨 공기, 물을 곧 재물로 여기는 중국계가 많은 사회답게 건물마다 아름답게 조성해놓은 대규모 분수까지. 2008년 2월, 싱가포르에 처음 갔을 때 받은 인상입니다. 화려한 음식, 비교적 수월하게 영어가 통하는 분위기, 지하철과 도보로 어지간한 곳은 모두 돌아다닐 수 있는 교통의 편리함이 좋아 이때를 계기로 지금껏 10번도 넘게 싱가포르에 방문했습니다.

저는 외국에 여행을 가면 루틴처럼 그 나라 유명 대학교 캠퍼스를 둘러봅니다. 지금보다 나이가 어렸던, 가난한 배낭여행족 시절에는 굉장히 실용적인 이유로 캠퍼스를 찾았는데요. 어느 나라든 학생식당은 밥값이 저렴하고 맛있기 때문이죠. 그리고 아시다시피 우리나라도 그렇고 젊은 대학생은 외국인에게 대부분 친절합니다. 길을 묻거나 다른 정보를 얻기 위해 말을 걸면 친절하게 답해줘요. 무엇보다 활력 넘치고 낭만적인 캠퍼스에 방문하면 열정을 재충전할 수 있어서 좋아해요. 산더미처럼 많은 전공원서를 들고 다니면서도 힘든 기색 없이 에너지를 뿜어대는 학구파들을 보며 좋은 기운을 얻어가곤 합니다.

그리고 현지 언어와 영어로 된 그 나라 신문도 잊지 않고 챙겨서 기념품으로 가져옵니다. 인쇄매체에서 다루는 그곳의 '현재'를 소중히 가져와 간직해요. 아마 기자로 일한 경험과도 무관하지 않겠죠. 그 현장성과 동시대성이 너무나 좋습니다. 그 나라의 대표적인 박물관과 미술관뿐만 아니라 현대미술을 감상할 수 있는 좀 더 작은 규모의 갤러리도 돌아봅니다. 그러면 그 나라사람들의 취향을 어렴풋이 느낄 수 있어요.

마지막으로 그 나라의 대형서점에도 꼭 들려요. 대학교와 마찬가지로 여기서도 지식을 탐구하는 일을 게을리하지 말아야겠다고 다짐하곤 합니다.

영어는 생각보다
너그러운 언어

제가 싱가포르 작가 캐서린 림의 소설 『A Leap of Love(사랑의 도약)』를 산 곳은 'Bugis Junction(부기스 정션)'의 기노쿠니야 서점에서였어요. 일본의 대형 서점 프랜차이즈가 싱가포르에 있다는 게 그때는 무척 신기했습니다. 싱가포르 소설가의 작품을 선뜻 구입했던 이유는 이 책의 표지에 같은 작품의 영화판인 〈윤년(The Leap Year)〉의 주연배우들 사진이 실려 있었기 때문입니다. 싱가포르행 비행기 안에서, 그리고 현지 TV에서 이 영화의 광고를 자주 봤기 때문에 궁금했습니다. 윤년에 이어지는 사랑 이야기였는데 호기심이 발동해 구입한 책을 들고 호텔방으로 들어와 읽기 시작했습니다.

영어로 쓰인 이 소설은 어쩐지 다른 서구권 작가들의 작품과는 달리 사용하는 표현이 색달랐어요. 틀린 표현은 아닌데 뭐랄까, 굉장히 구체적이거나 살짝 문어체적인 단어를 많이 썼다는 생각이 들었습니다. 예를 들어 '리앤은 마스카라를 집어던지고 어머니의 목을 감싸 안았다.'라는 문장의 경우 'Liann abandoned mascara to throw her arms around her mother's neck.'이라고 써 있었어요. 여기서 'abandon'은 물리적으로 뭔가를 던지거나 놓을 때보다는 심리적으로, 정서적으로 버림받았다는 의미로 많이 쓰는 단어인데 이렇게 표현한 게 신선했어요.

또 연인과의 관계를 더 이상 견딜 수 없었다는 뜻으로 'intolerable(견딜 수 없는)'이라는 표현을 쓴 것도 흥미로웠습니다. 마치 우리나라 말을 그대로 영어로 옮긴 듯했거든요. 틀린 표현은 아니지만 영어로는 보통 'unsustainable(지속할 수 없는)' 'dysfunctional(잘 돌아가지 않는)' 또는 'toxic relationship(해로운 관계)'이라는 말이 더 자주 쓰이니까요.

어떤 이야기냐면 네이티브에 비해 표현이 다소 이질적이어서 색다르게 느껴졌습니다. 예전에 한영사전을 찾아가며 공부한 세대라면 기억하겠지만 '효도(孝道)'를 사전에서 찾아보면 'filial piety'라고 나오는 경우가 많았습니다. 지금도 구글에 찾아보면

'자식이 아버지에게 가지는 경건함'을 뜻한다는 설명이 영어로 나오더라고요. 그런데 실제로 영어권에서는 효도라는 개념 자체가 존재하지 않습니다. "그 아이는 정말 효자예요."라고 영어로 말할 때는 "He is really a son of filial piety."라고 길게 말할 필요 없이 "He is a good son."이면 충분합니다.

저는 한영사전을 볼 때마다 우리나라 말을 또박또박, 구체적으로 직역하는 느낌의 표현이 많아서 어쩐지 영어처럼 느껴지지 않았습니다. 다른 한국식 영어 교재도 마찬가지고요. 그래서 어떻게 하면 보다 더 원어민에 가깝게, 영미권 문화에서 쓰이는 쉬운 표현을 쓸 수 있을까 늘 고민합니다. 하지만 영어는 이제 글로벌 언어예요. 무심코 인도식 영어, 싱가포르식 영어가 마치 급이 떨어지는 것처럼 생각한다면 주의해야 합니다. 인도와 싱가포르는 물론 세계 그 어디에서든 통용되는 언어이기에 영어가 그토록 중요한 언어로 여겨지는 겁니다. 영어에는 오답도 정답도 없는 것이죠. 단지 나의 의견을 어떻게 상대에서 그대로 전달하고, 또 상대의 생각을 곡해 없이 받아들일 수 있는지가 중요합니다. 그런 면에서 영어는 참 너그러운 언어가 아닌가 싶습니다.

세상도 우리 생각보다 너그럽습니다. 세상이 만만치 않다고 하지만, 사회란 결국 우리보다 앞서 비슷한 굴곡과 좌절을 겪어온 선배들이 '어른'으로서 살아가고 있는 공간이잖아요. 그들에게 배우고 의지하면 그 어떤 어려움도 쉽게 극복할 수 있습니다.

2008년, 기자로 근무하던 시절이었어요. 회사에서는 매년 'World Knowledge Forum(세계지식포럼)'이라는 큰 행사를 열었는데요. 영어를 좀 하는 기자라는 이유로 포럼팀에 부대변인으로 차출되어 VIP 동선 확인 등의 업무를 도왔던 적이 있어요. 저는 호텔 내부에 마련된 VIP 오찬 장소에서 세계의 석학들을 모시고 안내하는 임무를 맡았습니다. 그래서 그날은 평소에는 꿈도 꾸지 못할 높은 구두를 신고 또각또각 소리를 내며 참석했죠. 참석자들이 먼저 입장하고 저도 뒤따라 회장으로 입장하는데, 뒤에 웬 할머님 세 분이 저를 따라 들어오신 거예요.

"뭐야, 아가씨. 여기가 로비 아닌감?"

할머니들은 두리번거리지 않고 성큼성큼 걷는 제가 호텔 직원인 줄 알고 따라 들어온 겁니다. 유능한 면모를 보이고 싶었던 저의 '워킹'은 그렇게 마무리되었습니다. 부끄럽기보다는 심장이 덜덜 떨렸어요. 노벨 경제학상 수상자 등 세계의 지성인이 한데 모인 자리에서 실수를 저질렀으니까요.

"박소운 기자, 웬 꼬리를 달고 들어오나?"

다 망쳤다는 생각에 고개를 들지 못하는데 회장님께서 껄껄 웃으며 말씀하셨어요(회사에 다니며 회장님을 가까이에서 본 건 10번 정도밖에 되지 않습니다). 미국 유학 생활을 하신 분이라 같은 내용으로 바로 영어로도 말씀하셨습니다. 그 말을 듣고 약간 당황한 기색이던 참석자들도 미소를 지으셨습니다. 비로소 마음이 편해졌어요. 한 번 씨익 웃고 다시 업무에 집중할 수 있었죠. 어쩌면 생각보다 세상도 영어도 참 너그러운 것 같습니다.

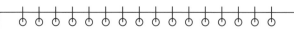

그래도 발음을
포기할 수 없다면?

Controlling complexity is the essence of computer programing.
복잡성을 제어하는 것이 컴퓨터 프로그래밍의 본질이다.

_브라이언 커닝헌

비단뱀을 뜻하는 'python'은 참 재미있는 단어입니다. 프로그래밍 언어 'python'을 뜻할 때는 보통 '파이썬'이라고 표기하잖아요. 그런데 뱀가죽 가방을 뜻할 때는 '파이톤'이라고 합니다. 그래서 검색창에 '파이썬'을 검색하면 프로그래밍과 관련된 결과가 줄줄이 뜨고, '파이톤'이라고 검색하면 비단뱀과 파이톤백 이미지를 볼 수 있습니다.

같은 단어인데 국문 표기가 다르다 보니 굉장히 편리합니다.

나의 마지막 영어공부

의미가 너무 광범위한 단어를 검색하면 보통 불필요한 정보를 걸러내는 데 오래 걸리잖아요. 같은 '비단뱀'이란 단어를 가지고도 암묵적으로 다른 이름으로 부르니 구분이 쉬워진 셈입니다. 물론 애초에 'python'의 발음이 우리말과 1:1 대응이 되지 않다 보니 여러 표기가 혼용되고 있는 것이겠죠. 한국어로 표기하기 어려운 대표적인 발음 'th' 때문입니다.

그런데 'python'뿐만 아니라 다른 단어에서도 영어와 한국어 발음 간에 1:1 대응은 존재하지 않습니다. '다람쥐'의 'ㄷ'과 알파벳 'D'는 발음을 만들어내는 위치가 다르죠. 저는 아이의 영어 교재를 고를 때 절대로 한글로 발음을 '친절하게' 써놓은 책은 사지 않아요. 한글 발음에 의존하면 올바른 발음을 할 수 없기 때문입니다.

자음 발음보다
모음 발음에 신경 써야

과연 'bus[bʌs]'는 '버스', 'but[bət, bʌt]'은 '벋'이라고 발음될까요? 영단어의 발음을 한글로 쓸 때 [ʌ]는 음성 모음 'ㅓ'로 표기하는 쪽으로 주로 굳어졌습니다. 그런데 발음기호 [ʌ]의 발음은 우리말로 치면 'ㅏ'와 'ㅓ' 사이에 가까워요. 'Mother[ˈmʌðə(r)]'는 또 신기하게 우리말로 '마더'라고 표현하죠. [ʌ]의 발음을 실제 원어민 발음에 가깝게 하기 위해서는 많은 노력이 필요해요.

영어를 배우기 시작할 때 초급 단계에서 자주 듣는 말이 "발음이나 억양에 주눅 들지 말고 씩씩하게 말해야 빨리 는다."입니다. 그럼에도 불구하고 세련미 팍팍 풍기는, 외국 생활 좀 해본 것 같은 발음을 선망하는 사람도 여전히 많죠. 우리나라는 보통 '영어 발음'을 이야기하면 'p'와 'f', 'b'와 'v' 등 자음의 구분을 중시합니다. 하지만 실제로 제가 경험한 바로는 모음 발음이 더욱 'tricky'합니다. 혹시 'pool'과 'pull' 발음이 어떻게 다른지 아시나요? 지금 꼭 사전 애플리케이션을 켜서 발음을 들어보세요.

단어의 강세를
놓치지 말자

발음이라는 것은 단순히 '잘 굴리는' 문제가 아닙니다. 그래서 저는 발음을 보다 더 정확하게 하기 위해 늘 발음기호를 체크하고 가능하다면 사전 애플리케이션에서 음성을 확인하고 있습니다. 일차적으로는 모음을 꼼꼼히 확인하고, 이차적으로는 단어의 강세가 어디에 오는지 기억합니다. 한자를 쓸 때 올바른 획의 순서를 아는 것이 매우 중요하다는 이야기를 들은 적이 있습니다. 영어에서는 강세가 중요합니다. 말을 하는(speaking) 상황에서도 그렇지만 예상하지 못한 곳에 강세가 있는 경우 듣기(listening)도 어렵습니다. 한마디로 아는 단어도 못 알아들을 수 있습니다. 혹시 'coyote(코요테)'를 영어로 어떻게 발음하는지 아시나요? 한번 꼭 확인해보세요. 한글 '코요테'와는 큰 차이가 있습니다.

여기서 또 하나. 'strike'는 과연 '스트라이크'일까요? 이처럼 이른바 '유성음'과 '무성음'의 구분도 어렵습니다. 한국인과 일본인이 특히 어려워하는 부분이라고 해요. 영어에서는 모든 자음에 'ㅡ'를 붙여서 '스-트-라이크-' 이렇게 분절하지 않습니다. 한글에서 '스트라이크'는 무려 다섯 글자지만 영어의 'strike'는 딱 한 음절입니다. 'adventure' 'administration'도 마찬가지로 음절 수에서 차이가 있습니다.

이런 단어들을 과연 내가 제대로 발음하고 있는지는 녹음해서 들어보면 단번에 알 수 있습니다. 내가 무심코 우리나라 모음

'一'를 붙여 'should'는 '슈드'라고, 'have'는 '해브'라고 하고 있지는 않은지, 그리고 이어지는 자음 발음을 무성음으로 처리하는 데 너무 신경을 쓴 나머지 소리가 묻히고 있지는 않은지 확인해야 합니다. 제 경우 'administration' 발음을 녹음해서 들어보고 살짝 더 신경 써서 고치기도 했습니다.

통상 발음이 좋다고 여기는 발음은 엄밀히 말해 억양이 살짝 과장된 경우가 많습니다. 울렁울렁, 너울너울 말하는 걸 보며 동경하거나 멋지다고 느끼면 안 됩니다. 일부 영어 교재 역시 원어민 성우가 녹음했다고 해도 상업적으로 '듣기 좋게' 말한 거라 좀 과하다 싶은 경우가 많아요.

현실 세계에서 네이티브가 진짜로 구사하고 있는 그 발음을 원한다면, 영어를 한국말로 옮긴 잘못된 한국식 영어 발음은 이제 잊어야 합니다.

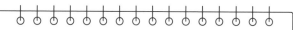

7세 이후 영어 노출을 극대화하려면?

Learning is experience. Everything else is just information.
경험이 곧 배움이다. 경험 없이는 정보에 지나지 않는다.

_알버트 아인슈타인

'나는 생계 수단(영어)으로 재능 기부나 봉사를 하지 않는다.'

제가 아주 오랫동안 가져온 신념이었습니다. 생산시설이나 원재료가 필요 없는 언어라는 기술을 직업으로 삼았기에, 자칫 경계가 흐려질 수 있는 부분에 대해 민감했던 것입니다. 나의 관대한 재능 기부 혹은 봉사활동이 누군가의 정정당당하게 돈을 벌 수 있는 기회를 뺏어가게 될지도 모른다는 불안감이 컸습니

다. 직업은 어디까지나 직업으로, 철저하고 치열해야 하는 무언
가로 분류해놔야 한다는 생각도 강했고요.

그런데 우연한 기회로 몇 달 전부터 번역 봉사를 시작하게
되었습니다. 평소 존경하던 분이 도움의 손길이 필요하다고 요
청했기 때문인데요. 한 달에 한 번, 전 세계에서 들어오는 영어로
쓴 기고문을 우리말로 번역하는 일이었습니다. 이 일을 10년 넘
게 해온 저로서는 어렵지 않은 일이었죠. 그런데도 단체에 계신
분들의 감사인사를 분에 넘치게 받고 있어요. "번역된 소식지가
전보다 술술 잘 읽힌다." "소식지 만드는 데 드는 시간이 엄청 단
축되었다." 등 크게 어려운 일이 아닌데 칭찬까지 받으니 기분이
참 좋습니다. 그러면서 문득 이 번역 봉사로 내가 '힐링'을 하고
있구나 하는 생각이 들었어요.

만 7세 이후에는
어떻게 학습해야 할까?

일반적으로 영어를 모국어처럼 습득할 수 있는 연령대의 마지노
선은 만 7세라고 합니다. 이후에는 일부 언어적인 감각이 뛰어난

사람이 아니고서는 아무리 영어 환경에 노출을 시켜도 자연스럽게 습득하기 어렵다고 해요. 만 7세 이후에는 영어 환경에 노출이 잦아도 책상에 앉아 따로 공부하지 않으면 숙달하기 어렵다는 뜻입니다.

저는 아주 당연하게도 만 7세 이후에 본격적으로 영어공부를 시작했습니다. 영어 그 자체보다는 영어를 통해 접할 수 있는 갖가지 '신문물'에 반해 영어를 배웠고 좋아했지만, 사실 기억을 더듬어 보면 영어로 칭찬받고 기뻤던 기억보다는 속상했던 기억이 훨씬 더 많습니다. '나는 왜 이 정도밖에 안 될까?'를 무수히 되뇌어야 했어요. 영어를 듣고, 읽고, 말하고, 쓰는 직업을 가졌지만 여전히 제게 영어에 대한 기억은 씁쓸한 쪽에 가깝습니다. 그리고 지금도 '영어'라는 벽을 뛰어넘기 위해, 닿고 싶지만 닿을 수 없는 무언가를 향해 연마하고 정진하며 아쉬운 마음을 다스리며 살아갑니다. 그런데 다른 이를 돕기 위해 시작한 일에서 누구보다 위안을 얻고 보상받고 있는 건 저 자신이었습니다.

통역대학원은 특유의 크리틱한 수업 방식으로 대학원생의 통번역에 대해 혹독한 비판을 가하곤 합니다. "Don't take it personally.", 그러니까 개인에 대한 공격으로 받아들이지 말고 발전하기 위한 밑거름으로 삼으라고 하지만 그러기 쉽지 않았어요. 친한 동료 중 하나는 졸업 후 은사님을 찾아가 여쭤봤다고 합니다. 그때 왜 그렇게 무섭게 가르치셨냐고요. 교수님의 말씀은 이랬다고 해요.

"현장에 나가 통역을 하게 되면 때로는 억울한 일도 생길 정도로 높은 기준을 가진 고객과 만나게 된다. 험한 현장에서 어떤 돌발 상황이 생기더라도 기죽거나 당황하지 말라고 엄하게 가르친 것이다."

냉엄한 사회에서 살아남도록 혹독하게 단련시키는 것이 맞는지, 아니면 학교라는 울타리 안에서만이라도 학생의 잠재력을 믿고 최대한 성장할 수 있도록 친절하게 돕는 게 맞는지는 사람마다 다를 것 같습니다. 어쨌거나 일상에서 외국인과 만나고, 영어를 사용하는 직업을 가졌으면서도 저는 영어에 대해서는 안 좋은 기억이 더 많은 편이었죠.

몇 년 전, 동시통역 파트너로 만난 동료에게 굉장히 신선한 이야기를 듣게 됩니다. 이분은 전혀 다른 분야에서 공부하다 진로를 바꿔 통역대학원에 진학한 케이스였어요.

나의 마지막 영어공부

"통역대학원에 입학했더니 이건 뭐. 미국 드라마를 봐도 공부, 책을 읽어도 공부, 뭘 해도 영어로만 하면 공부한 셈 치면 되니까 엄청 행복하더라고요!"

정해진 범위가 없는 외국어공부의 막연함에 대해 이렇게 대범하고 호기롭게 표현하다니. 어쩐지 저까지 속이 후련하기도 했습니다. 저 역시 일상에서 영어 노출을 늘리기 위해 노력합니다. 만 7세는 이미 수십 년 전, 알파벳을 배우기도 전에 지났지만 아직도 영어의 감을 유지하기 위해서는 영어를 쓰는 환경에 자주 노출되는 게 답이라고 생각해요. 나이가 들수록 그 효과가 드라마틱하지는 않지만요.

20대 후반, 신문사에서 근무하던 시절에는 (모국어가 아니라는 관점에서 보면) '억지로' 공부한 영어의 감이 점점 떨어지고 있다고 느꼈습니다. 꺼져가는 영어의 불꽃을 살려보려 했지만 눈코 뜰 새 없이 바쁜 사회부 소속 기자에게는 영어학원도 사치였죠. 그래서 결국 생각해낸 것이 '영어책 면죄부 프로젝트'였습니다.

보통 책을 고를 때는 이왕이면 도움이 될 만한 좋은 책을 심사숙고해서 고르잖아요. 그런데 영어책만큼은 굳이 심오한 지식이나 인생에 대한 시사점을 전달하지 않더라도 되도록 다

사서 읽었어요. 고를 필요 없이 재미있어 보이는 걸로 'guilty pleasure(죄책감을 느끼지만 재미있는 것)'를 마음껏 누리자고 생각했죠. 그렇게 해서 가볍게 읽고 잊어버릴 수 있는 영어 원서며 잡지를 마음껏 샀어요. 당시에는 옷에 관심이 많았으니 패션 관련 잡지를 많이 구입했습니다. 단, 어느 정도 글밥은 있어야 하니 화보보다는 기사가 많은 잡지를 주로 골랐죠.

미국판 〈코스모폴리탄(COSMOPOLITAN)〉을 통해 저는 '야상'이 영어로는 주머니가 많아 실용적인 'utility jacket'이라고 불린다는 것, 그리고 우리나라는 '방'의 개념으로 보고 '드레스룸'이라고 표현하지만 영어에서는 '대형 옷장'의 개념으로 생각해서 걸어 들어갈 수 있는 'walk-in closet'이라고 부른다는 걸 자연스럽게 배웠습니다. 또 우리나라에서는 호텔 등에 비치된 샴푸나 샤워젤 등을 'amenity(어메니티)'라고 하지만 영어권에서는 주로 고급 주거단지에 포함된 수영장이나 헬스장 등의 커뮤니티 시설을 'amenities'라고 부른다는 것도 알 수 있었고요.

주변에 어쨌거나 영어로 된 매체가 '널려 있는' 환경을 구현하면 현지에서 쓰이는 여러 단어와 표현을 자연스럽게 습득할 수 있습니다. 무엇보다 영어를 따로 시간 내서 공부하지 않더라도 이런 매체를 수시로 접하면 저절로 공부가 됩니다.

오랜만에 영어를 공부하면 '가만 있자, 이게 무슨 말이더라?' 하고 한참 동안 텍스트를 노려보는 그 시간, 그 빈 시간을 저는 영어 시동을 거는 시간이라고 표현하는데요. 영어를 자주 접하는 환경을 구축하면 그 빈 시간을 획기적으로 줄일 수 있어요. 자동차에 비유하면 'torque(토크)'가 올라간 셈입니다.

스트레스 테스트를
한국어로는 뭐라고 할까?

Life's been tough but I've been tougher. I beat life at its own game.
살기가 만만치 않았지만 내가 더 세다고. 인생이 아무리 나를 몰아세워
도 내가 이기지.

_조라 세갈

"라면 먹고 갈래?"를 영어로는 "Neflix and chill?"이라고 한다죠. 성적인 뉘앙스가 있는 표현에도 넷플릭스가 등장하는 게 재미있게 느껴집니다. 그만큼 넷플릭스가 대중적인 OTT 기업이기 때문인데요. 저 역시 여가시간에 머리를 식히고 싶은 날이면 넷플릭스를 즐기곤 합니다.

최근에 재미있게 본 넷플릭스 콘텐츠는 베이킹과 공학(엔지니어링)을 결합한 이른바 'bakeneer(베이키니어)' 팀들이 실력을 겨

나의 마지막 영어공부

루는 〈베이킹 임파서블(Baking Impossible)〉이었습니다. 제빵 전문가 한 명과 엔지니어 한 명이 팀을 이뤄 '먹을 수 있고 물에 뜰 수 있도록 공학적으로 설계한 배'와 같은 과제를 수행하는 일종의 서바이벌 프로그램인데요. 자극적인 악마의 편집이나 출연자들 간의 이른바 'hair-grabbing catfight(머리채 잡는 싸움)'가 없어서 소소하게 즐거웠어요. 그런데 매번 작품의 공학적인 부분을 평가할 때 거치는 시험을 사회자가 'stress test(스트레스 테스트)'라고 말하더라고요.

스트레스 테스트는 극한의 상황에서 시험 대상 제품이 정상적으로 기능하는지 확인하기 위한 시험을 뜻합니다. 고온에 두거나 높은 데서 떨어뜨리는 등의 시험으로 제품을 검증하는 거죠. 갑자기 호기심이 발동해 한국어 자막을 켜서 한국어로는 어떻게 번역되는지 확인해봤습니다. 물론 '스트레스'와 '테스트' 모두 우리가 일상에서 흔하게 사용하는 외래어니까 소리 나는 그대로 옮겼을 것이라고 짐작은 했죠. 그런데 전혀 다르게 번역이 되어 있었어요.

'안정성 테스트'

고개를 끄덕일 수밖에 없었습니다. 비단 제품만 그런 게 아니죠. 사람도 스트레스 상황에서 얼마나 견고하게 견디느냐, 즉 그 사람의 스트레스 내성은 안정적인 성품에 달린 것 아닐까요? 이 부분만큼은 꼭 영어에만 국한해서 생각하고 싶지 않아요(사실 이 책에서 이야기하는 대부분의 내용은 영어에 대한 이야기만은 아니죠). 결국 삶의 곳곳에서 어려움에 처할 때 우리를 지탱해주는 건 각자가 갖고 있는 고유의 안정성일 것입니다. 지치지 말고, 흔들리지 말고, 주저앉지 말고 자기 자신의 그릇을, 성품을 단단하게 벼려나가야 하는 이유입니다.

세상은 만만치 않아, 공부도 만만치 않아

연휴 끝자락의 어느 새벽, 하룻밤을 꼬박 '달리면' 한 시즌을 다 볼 수 있도록 만든 넷플릭스의 'binge watching(폭음폭식을 의미하는 'binge'와 시청을 뜻하는 'watch'의 합성어)' 전략에 맞춰 영상물을 보다가 귀중한 인사이트를 얻었습니다. 바로 어느 한순간에 저절로 해결되는 문제란 없다는 것입니다. 아직 'old&wise' 할 정도로 나이가 많지는 않지만, 나이의 많고 적음과 무관하게 우리는 인생을 살면서 언제나 어려움과 직면합니다.

통역대학원에서 벗어나 취직을 결심했을 때도, 다시 신문사를 관두고 대학원에 복학했을 때도, 고생 끝에 석사 학위를 따고 통역사 커리어를 시작했을 때도 늘 고난과 역경의 연속이었습니다. 대학원을 갓 졸업한 30살 무렵, "난 너무 잘못 산 것 같아. 고생길만 골라서 왔는데 그 길의 끝이 막다른 길이었어."라고 울먹였던 기억이 생생합니다.

그런데 얼마 전, 인터넷을 통해 우연히 약학전문대학원(이하 약전)에 진학한 학생이 쓴 글을 읽었습니다. 약전에 진학하기 전엔 동네 친구들이 같이 어울리지 않고 공부만 하는 자신을 무시했었다고 해요. 꿈을 이루기 위해 열심히 공부만 했는데 주변에서는 미련하다며 비웃었다고 합니다. 그런데 약전에서 만난 친구들은 다르대요. 노력을 통해 무언가를 성취해본 경험이 있어서 그런가 다른 사람의 노력을 비웃는 일이 없다고 합니다.

실제 경험담인지, 지어낸 글인지는 모르겠지만 글을 읽고 나서 처음엔 박수를 쳐주고 싶은 마음이었어요. '그래, 힘내요! 앞으로는 좋은 일만 가득할 거예요.' 하면서 말이죠. 그러다 문득 꼭 그렇지만은 않다는 이야기를 전하고 싶었습니다. 치열한 경쟁을 뚫고 들어간 조직이나 학교에서 오히려 다양한 싸움과 음모론, 나쁜 소문에 휘말리는 경우도 많으니까요. 그저 '더 나은 사람들이 모인 곳이니 더 나은 세상이 펼쳐지겠지?' 하는 순진한 마음으로 접근했다가는 마음고생을 하게 될지 모릅니다. 어쩌면 그냥 그런 나쁜 사람들은 어딜 가나 존재한다고 생각하고 씩씩하게 내 길을 가는 편이 나을지도 모릅니다. 어느 날, 통역사 선배와 이야기를 나누다 이런 말을 했어요.

"언니, 예전에는 나랑 당장의 갈등을 빚고 있는 그 사람만 해치우면 다 잘 풀릴 것 같았는데요. 돌이켜보면 그 사람은 최종보스도 중간보스도, 심지어 보스급도 아니었더라고요."

막연히 한 방에 모든 갈등과 방해 요소가 사라지길 기대하기보다는 그저 꾸준히 묵묵하게, 씩씩하게 걸어가는 게 좋습니다. 사람에게 실망하고 다친 마음을 추스르는 데 너무 많은 시간을 써서는 안 됩니다. '세상 어차피 다 그래.' 하는 시니컬하고 부정적인 마음으로는 될 일도 안 되겠지만, 막연하게 '여기는 역시 급이 달라.' '이제 다 좋아질 거야.' 했다가는 큰코다칠 수 있어요.

중요한 건 내가 사람을 어떻게 대하고, 세상을 어떻게 대하느냐 아닐까요? 미셸 오바마 여사가 말했잖아요.

"When they go low, we go high."

(그들이 비열하게 굴더라도 우리는 품위를 지킨다.)

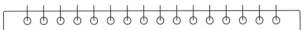

아버지 가방에
들어가신다

A woman: without her, man is nothing.
A women, without her man, is nothing.
여자: 그녀 없이, 남자는 아무것도 아니야.
여자는 남자 없이는 아무것도 아니야.

"Are you Flying Dragon?"

너는 날아다니는 용이니? 이 한마디에 정신이 번쩍 들어 피곤을 핑계로 소파에 반쯤 누워 있던 몸을 일으켰습니다. 온종일 일하고 돌아와 도무지 기운이 없어 남편에게 아이의 영어책 읽기 숙제를 부탁한 어느 저녁이었어요. 남편이 먼저 한 문장을 읽으면 아이가 따라 읽었죠. 영어를 오래 공부한 덕에 얻은 '촉'이라도 작동한 건지, 반쯤 정신이 나간 상태에서도 남편이 어떤 부분을 어떻게 잘못 읽은 건지 느낌이 확 오는 겁니다.

"여보, 그거 아냐! 그거 아니야!"

텍스트를 안 봐도 알 수 있었다니까요. 남편이 잘못 읽은 문장은 "Are you flying, Dragon?", 즉 "용아, 지금 날고 있니?" 하는 문장이었어요. 문장을 읽는 도중에 찰나의 숨결로도 알 수 있었습니다. 지금 콤마(,)의 중요성을 완전 무시하고 있다는 걸요.

콤마의
중요성

우리말에서는 콤마보다는 주로 띄어쓰기를 통해 의미의 구분이 생기는 것 같습니다. '아버지 가방에 들어가신다.' '아버지가 방에 들어가신다.'처럼요. 발화를 할 때도 콤마에서 한 번 끊어서 읽어주면 의미 구분을 명확하게 할 수 있습니다. 우리말로 괜히 '쉼표'라고 부르는 게 아닙니다. 한 번 쉬고 읽으라는 기호예요.

하지만 구두법을 잘 익혀두면 더욱 빛을 발하는 건 말하기 상황 보다는 역시 작문에서입니다. 구두법에 익숙하면 훨씬 더 야무진 문장을 쓸 수 있습니다.

"영어는 높임말이 없다. 서양은 격식을 따지지 않는다." 하는 말을 들어보셨죠? 저는 이런 편견에 거부감을 느낍니다. 우리나라의 아름다운 존댓말에 상응하는 높임말 체계가 발달하지는 않았지만, 영어도 문체와 표현 또는 선택한 단어에 따라 구어와 문어의 구분이 있습니다. 보다 정중하게 예의를 갖춰 표현하는 방법도 얼마든지 있죠.

격식을 따지지 않는다는 말 역시 완전히 틀렸어요. 중학교 도덕 수업 때 '길에서 이어폰을 귀에 꽂고 음악을 들으며 손에 햄버거를 쥐고 걸어가는 서양 문화'에 대한 삽화와 설명을 본 기억이 있습니다. 너무 오래전 일이라 정확하지는 않지만 이게 맞고 틀리고를 떠나 '그게 가능해? 무슨 저글링도 아니고?' 하는 생각이 들었어요. 어쨌거나 중요한 건 이런 행동을 사회적으로 수용해주는 문화는 없다는 겁니다. 오히려 서구 사람들이야말로 양식을 정해놓고 지키기를 대단히 중요시합니다. 테이블 세팅만 봐도 여러 개의 스푼과 포크를 놓고 이건 샐러드용, 이건 스테이크용, 이건 디저트용 형식대로 규정하지 않던가요?

과장을 좀 보태자면 저는 구두법을 통해 영어의 형식미와 규칙이라는 가치를 느낍니다. 게다가 문장이 모호하게 읽힐 수 있는 부분을 없애주죠. 영어를 영어답게 만들어주는 매력을 느껴요. 마침표(.), 느낌표(!), 물음표(?)의 사용은 국어와 동일합니다. 그런데 콤마에서부턴 살짝 같기도 하고 다르기도 해요.

기본적으로는 나열을 할 때는 'A, B, and C' 또는 and 앞에 콤마 없이 'A, B and C'라고 표현하고, 정보를 추가할 때도 다음과 같이 콤마를 씁니다.

Mr. Lee comes from Seoul+Mr. Lee is our English teacher.

=Mr. Lee, our English teacher, comes from Seoul.

문장 도중 인용문(따옴표)에서
문장이 끝나지 않는다

양손의 손가락을 2개씩 세워 얼굴 양옆에 대고 까딱까딱하는 따옴표 표시(영어로는 'air quotes' 또는 'finger quotes')가 한때 '외국물 좀 먹은' 흉내로 유행한 적이 있습니다. 이 특유의 제스처는 시트콤 〈프렌즈〉에서도 자주 볼 수 있는데요. 주로 책임 회피용으로 사용됩니다. 대화를 하며 상대에게 '이건 내가 하는 말이 아니고 다른 사람의 말을 인용하는 것이다!' 하는 신호를 보내는 것이죠. 때로는 반어적으로 빈정거리는 의미를 내포하기도 하고요.

다시 본론으로 돌아와서 문장 도중에 인용문이 들어갈 때는 국어와 달리 따옴표 안쪽에 마침표를 쓰지 않습니다. 문장이 끝나지 않은 것으로 간주하니까요. 반면 문장 맨 끝의 구두점은 인용문일지라도 쉼표가 아닌 마침표를 씁니다. 예를 들면 이렇습니다.

"There was a storm last night," Simon said.

이처럼 문장 도중에 들어간 인용문은 마침표 대신 쉼표를 씁니다. 하지만 인용된 부분으로 문장 전체가 끝난다면 마침표를 써야 합니다.

Simon said, "There was a storm last night."

한국인을 헷갈리게 하는
콜론(:)과 세미콜론(;)

여기부터가 영어 구두법의 '고급반' 정도 됩니다. 국어로 쓸 때 문장에 콜론(:)과 세미콜론(;)을 사용하는 경우는 거의 없잖아요? 필기를 하거나 발표 자료 슬라이드를 만들 때나 쓰죠. 그런데 영어에서는 콜론이 들어가는 자리와 세미콜론이 들어가야 할 자리가 문법적으로 구분된다고 하니 참 난감합니다.

한국인이라면 아마 세미콜론을 땀 흘리는 모습을 표현할 때 자주 썼을 것입니다. 그럼 영어권에서는 어떨까요? 영어권에서 콜론과 세미콜론은 혼용되는 경우가 많은데, 먼저 콜론은 항목을 나열할 때 많이 씁니다.

Successful English learners have the following traits: resilience, intelligence, and humor.

이렇게요.

그런데 세미콜론은 콤마가 나열되는 가운데 의미를 분절해 주는 역할을 수행합니다.

We visited Chicago, Miami, and Washington D.C. in the spring;
Hawaii, Los Angeles, and San Francisco in the summer; and
New York in the fall.

세미콜론의 사용으로 문장 구조가 훨씬 더 눈에 잘 들어오게
됩니다.

아포스트로피의
쓰임과 발음

How to put an apostrophe(') on a word that ends in s?

구글에 'How to put an apostrophe'까지만 쳐도 자동으로
완성되는 검색어입니다. 그만큼 (영어권 사람들을 비롯해) 전 세계
사람들이 자주 질문한다는 거겠죠. 일단 사람 이름만 해도 's'로
끝나는 이름이 너무 많은데요. 'Agnes' 'Chris'부터 'Descartes'
'Camus' 등 유명인의 이름까지 다양하네요.

〈Associated Press News〉의 기사 작성법 양식에 따르면 이

경우 's를 붙이지 않고 '만 붙여서 'Agnes'' 'Chris'' 'Descartes'' 'Camus'' 이렇게 표기하라고 권합니다. 또 다른 양식에서는 's를 권하기도 하고요. 'Agnes's' 'Chris's' 'Descartes's' 'Camus's' 이렇게요. 어느 한쪽이 옳다기보다는 내가 작성하는 글 안에서 일관성 있게 한 방식을 계속 사용하는 것이 중요합니다.

참고로 실제 말하기 상황에서는 이름과 's 사이에 알파벳 e가 들어간 것처럼 발음이 된다는 것도 알아두세요. 예를 들어 'bus's' 또는 'bus''는 'buses'와 같은 소리로 발음됩니다.

초보와 중수를
가리는 숫자 표현

You have to be odd to be number one.
'odd'는 '이상한' '홀수의'라는 두 가지 뜻이 있는데 이를 활용한 말장난. '괴짜여야 최고가 되는 법이지.' '숫자 1이 되려면 홀수여야 하지.' 두 가지 의미로 해석할 수 있다.

_닥터 수스

"우리집 주소에 7은 '서양식'으로 써서 보내주라. '한국식'으로 써서 보내면 1로 알고 다른 집으로 가더라."

지난 연말, 영국 웨일즈에 사는 통역사 선배에게 모처럼 아날로그 감성으로 크리스마스카드를 손으로 써서 보냈습니다. 카드를 쓰기 전에 제가 정확한 주소를 묻자 선배는 '7'을 꼭 서양식으로 써야 한다고 당부했는데요. 우리는 'ㄱ'자에 세로로 떨어지는

　　　　　　　　나의 마지막 영어공부

짧은 선을 더해 인쇄된 '7'의 모양과 가깝게 쓰지만, 외국 사람은 'ㄱ'자에 가로로 경쾌한 꼬리를 더해 '7'을 씁니다. 실제로 서양 사람이 쓰는 숫자 '1' '4' '7'은 우리나라 사람이 보기에는 좀 다르게 보일 때가 많습니다.

그런가 하면 유럽 일부 국가의 경우 숫자 표기가 아예 다른 곳도 있습니다. 우리나라에서는 소수점을 마침표로 표기하고 자릿수 구분을 쉼표로 하는데, EU는 그 반대로 써요. 소수점을 쉼표로, 자릿수 구분을 마침표로 하는 거죠. 그래서 통역해야 하는 회의 자료가 유럽에서 온 경우, 특히 금액 단위가 나오면 정신을 바짝 차리고 파악해야 해요.

수학은 만국 공통의 언어지만 숫자를 쓰고 표기하는 방식이 달라 소통에 혼선을 빚을 때가 있다는 게 재미있습니다. 이러한 개념은 관련된 강의를 수강하지 않고서는 놓치기 쉬운 부분이죠. 숫자나 수식을 영어로 읽어볼 기회가 많지 않아 연습이 필요합니다. 이과가 적성에 맞지 않아서 통역사를 선택한 저로서는 익숙해지기가 쉽지 않았어요. 물리학, 생물학, 반도체, IT 등 '숫자를 다루는' 전문가들이 모인 자리에서 좌절했던 기억이 한두 번이 아니었죠. 파워포인트 슬라이드에 적힌 긴 공식을 영어로 읽을 줄 몰라서요.

다행히 고맙게도『익혀먹는 레알 SAT 수학 용어사전』『수학 핵심 용어 사전』등 해외에서 사용되는 수학 용어를 잘 정리한 책이 있어 많은 도움을 받았습니다. 영미권 수학과 숫자 표현에 약한 분이라면 이런 책을 구비해놓고 읽으시기 바랍니다. 좀 더 현장감 있는 학습자료를 원하신다면 칸 아카데미(www.khanacademy.org)에서 대수학(algebra) 강의를 수강하는 방법도 있습니다. 숫자에 대한 표현은 한 번 익혀두면 두고두고 쓸모가 있어요.

영어의
숫자 표현

물론 영어는 방대한 세계입니다. 영어만큼 수학도 방대해서 모든 공식과 숫자 표현을 완벽하게 암기할 수는 없습니다. 그렇게 욕심 부릴 필요도 없고요. 그때그때 필요한 부분만 'mining(채굴, 채광)'하면 충분하죠. 이 책에서는 아주 기초적인 부분만 다루도록 하겠습니다. 개념적으로는 쉽지만 영어 초급자와 중급자 사이를 가르는 기준이 이 영어 숫자 표현에 있다고 생각해요.

간단히 'addition(덧셈)'부터 살펴볼게요. '2+3=5'라면 영어로 이렇게 표현합니다.

Two plus three equals five.

Two and three is five.

'plus/and' 'equals/is'를 써서 표현합니다. 등호 '='는 'makes' 로 읽기도 하고요. 생각보다 쉽죠? 'subtraction(뺄셈)'의 경우 '5-2=3'이라면 영어로 이렇게 표현합니다.

Five minus two equals three.

또는 'If you take away two from five.' 이렇게 'minus' 를 'take away'로도 표현할 수 있습니다. 이번에는 'multiplica tion(곱셈)'을 살펴볼까요? '7×3=21'은 이렇습니다.

Seven times three equals twenty one.

Seven multiplied by three is twenty one.

곱셈에서는 'times'를 'multiplied by'로 표현하기도 하네요. 마지막으로 'division(나눗셈)'에서는 '25÷5=5'를 영어로 이렇게 표현합니다.

Twenty five divided by five equals five.

이렇게 읽고 몫은 'quotient', 나머지는 'remainder'라고 합니다.

내용이 어려운 게 아니므로 한국에서 공부해 영어 어휘, 표현상의 공백이 있다면 간단히 정리해 외우기 바랍니다. 특히 영어 중급자 단계로 들어가기 위한 핵심은 배수의 표현이라고 생각해요. 값이 2배일 때는 'is double the price of'라 하고, 2배보다 더 많을 때는 'twice as much as' 'twice as high as', 절반일 때는 'is half as'를 씁니다. 헷갈리기 쉬운 부분은 'double'은 'as'가 붙지 않는다는 거예요.

There was an old sofa that doubled as Spencer's bed.

(스펜서의 침대를 겸하는 오래된 소파가 있었다.)

이 문장처럼 'double as'는 숫자 표현이 아니라 '~역할을 겸하는'의 의미로 사용됩니다. 이 밖에도 영미권 어린이용 수학책을 보면 '영어적인 논리, 영어적인 관점에서' 정리한 수학 개념을 접할 수 있습니다. 영어로 정의한 문장을 읽는 것만으로도 이해가 명확해지는 부분이 있어요.

예를 들어 어스본에서 나온 『Lift-the-Flap Fractions and Decimals』를 보면 이런 내용이 나옵니다(참고로 한국어판의 제목은 『분수와 소수』입니다).

When you divide something up into equal parts, you get fractions.

(뭔가를 똑같이 여러 개로 나누면 분수가 됩니다.)

이 문장을 보면서 어린아이가 굉장히 쉽게 이해할 수 있게 정의했다는 생각이 들었어요. 수학적인 표현뿐만 아니라 영어라는 언어의 틀 안에서 수학적인 개념을 어떻게 보고 있는가를 엿볼 수 있어 즐겁습니다. 특히 이른바 문장제 수학 문제라고 불리는 'word problems'를 살펴보면 쉬운 문제로 어려운 개념의 기초를 연습시키는 문제가 많아 재미있어요.

You have blue pants, green pants and a blue shirt, red shirt and orange shirt. How many different outfits can you make?

(파란 바지, 초록색 바지, 그리고 파란 셔츠, 빨간 셔츠, 주황색 셔츠가 있으면 몇 가지 방식으로 입을 수 있을까요?)

미국 초등학교 3학년 문제입니다. 경우의 수를 묻는 문제죠. 관심 있는 분이라면 구글에 'word problems'를 검색해보기 바랍니다. 참고로 싱가포르 쪽 문장제 수학 문제가 좀 더 난이도가 높습니다. 보다 더 본격적으로 공부하고 싶다면 『거의 모든 숫자 표현의 영어』를 추천합니다.

중수와 고수를
가리는 의문문

To ask the right question is harder than to answer it.
질문을 제대로 하는 것이 제대로 답하는 것보다 어렵다.

_게오르크 칸토어

초보와 중수를 숫자 표현으로 가려낼 수 있다면, 중수와 고수를 나누는 기준은 무엇일까요? 일반 회화만 연습하다가 비즈니스 또는 시사 영어로 넘어갈 때일까요? 아니면 '미국 느낌' 물씬한 유려한 발음으로 '앤담(and I am)' '라익(like)' '엄(uhm)'을 섞어가며 말할 때일까요?

의외로 많은 이들이 꼽는 기준은 '의문문을 정확하게 자유자재로 사용할 수 있는가?'입니다. 네, 가정법 과거도 아니고 의문문 말이에요. 아무리 많은 단어를 외워도, 영어권 책과 잡지, 신문을 어느 정도 시원시원하게 읽어도, 영어 작문을 깔끔하게 쓸 수 있어도 의외로 의문문을 어려워하는 경우가 많습니다. 외국인과 대화할 때 의문문이 입에서 쉽게 나오지 않는 이유는 무엇일까요?

우리의 입을
망설이게 하는 의문문

의문문을 극복하기 위해서는 일차적으로 (아마도) 우리 모두의 머릿속에 깊이 남아 있는 두 가지 의문문의 형태를 변형하고 활용할 필요가 있습니다.

1. What's your name?
2. What color do you like?

의문사와 be동사 또는 의문사와 조동사(do)를 쓰는 기본적인 의문문 문형입니다. 이걸 변형하는 연습을 거치면 복잡한 의

나의 마지막 영어공부

문문도 꼬이지 않고 말할 수 있게 됩니다. 안타깝지만 저는 의문문은 결국 암기 과목이라고 생각해요. 머리에 다양한 의문문을 넣어 놓고 그때그때 단어만 갈아 끼워서 구사할 수 있기 때문입니다. 문법적인 지식도 중요하지만 매번 말할 때마다 멈칫멈칫 머리로 한참 생각할 수는 없는 노릇이니까요.

『Q Book for English Teachers』라는 책이 있습니다. 원래 영어를 가르치는 선생님들을 위해 만든 책이라고 해요. 영어 말하기, 토론 수업을 진행할 때 제시할 수 있는 몇천 개의 주제를 영어 문장으로 담은 책입니다. 저는 이 책이 의문문을 공부하기 좋다고 생각해요. 영어 말하기, 토론을 위해서라기보다 그 질문 자체에 집중해 좀 길고 복잡하다 싶은 질문은 입에 붙도록 외우고 있어요. 몇 가지 나열하면 다음과 같습니다.

- What does fashion say about a person?
- Why do you think jeans never go out of fashion?
- How do you think crime can be reduced?
- Is graffiti art, or crime? Why?
- Have you or has anyone you know ever been on the news?
- What are the pros and cons of outsourcing?

- How often do you vote?

- What films would you choose?

- What do you have in common with your favorite actor?

의문문을 외울 때 저는 가급적 '단어나 표현이 어렵지 않은' 문장을 외우는 전략을 씁니다. 목적은 의문문 문형을 깔끔하게 머리에 저장해놓기 위함이니까요. 군더더기가 많지 않아도, 고급 표현이 없어도 괜찮지 않을까요? 가끔씩 펼쳐 보고 소리 내서 몇 번씩 읽는 걸로 충분해요. 군이 필사하거나 노트에 정리할 필요는 없습니다. 빠르게 몇 번 읽어서 기억해두는 정도로만 시간과 에너지를 할애합니다. 거창하게 노력하기보다 약간 더 신경을 쓰는 정도로 관리해요.

한 사람의 영어 실력은 매일같이 변화합니다. 몸의 컨디션과 비슷해요. 큰 흐름은 있지만 어느 한 순간에도 멈춰 있지 않거든요. 직업이 통역사인 저조차 영어를 며칠 쉬면 순발력이 떨어지는 걸 누구보다 예민하게 감지하곤 합니다. 군이 실력을 끌어올리기 위해서가 아니라 '스스로 느낄 불쾌함을 줄이기 위해' 매일같이 일정량 이상 영어를 사용하기 위해 노력합니다.

한편으로는 일상의 영역에서 영어를 위해 오롯이 할당한 시간이 너무 넘치지 않게 균형을 잘 잡아야 합니다. 지나치게 원론부터 접근하는 방식은 썩 좋지 않아요. 운동할 시간이 없으면 매일같이 스트레칭이라도 해야 하잖아요? 좀 더 시간을 낼 수 있으면 산책 정도는 추가할 수 있겠죠. 시간이 없다고 푸념만 하거나, 일상의 다른 영역을 완전히 포기하고 운동에만 전념할 수는 없으니까요.

혹자는 "AI가 이제 다 해줄 거니까 영어공부 안 해도 되는 시대가 온다."고 합니다. 하지만 여전히 말의 힘은 유효합니다. 코로나19를 계기로 앞으로 공부 환경과 업무 환경은 보다 더 빠르게 비대면으로 전환될 것 같습니다. 상황이 나아지면서 다시 학교와 일터로 복귀했지만 공간의 제약을 뛰어넘는 언택트 문화는 이미 거스를 수 없는 시대의 큰 흐름입니다. 비대면이 보편화될수록 언어적(verbal) 커뮤니케이션은 더욱 중요해질 것입니다. 과거에는 영어가 좀 서툴더라도 간절한 표정과 자신감 있는 자세로 외국인 임원을 설득할 수 있었지만, 이제는 깔끔하고 힘있는 영어를 구사하거나 깔끔한 문장력의 이메일과 보고서를 써야 합니다.

대학생 시절, 청계천이 복원된 지 얼마 안 되었을 무렵입니다. 수업을 마치고 버스를 타고 광화문에 있는 모 서점으로 가고 있었는데 버스에 탄 승객들이 우르르 일어나서 창가 쪽에 붙어 무언가를 보고 있더라고요. 저도 궁금해서 다가가보니 어느 외국인 남성이 민소매에 짧은 반바지를 입고 청계천 주변을 뛰고 있었어요. 지금 생각해보면 한국에서 근무한 지 얼마 안 된 외국인이 자투리 시간을 이용해 사무실 주변을 한 바퀴 돌고 있었던 것 같습니다. 2000년대 초중반 무렵에는 이처럼 짧은 옷차림으로 도심 한복판을 뛰어다니는 외국인의 모습이 굉장히 이색적이었습니다.

하지만 지금은 시절이 다릅니다. 외국인을 봐도 딱히 놀랍지 않고, 외국어가 필요한 상황도 드물지 않습니다. 매번 AI에 의존하기에는 대단히 사소한 영역에서도 그때그때 영어를 활용해야 하는 상황입니다. 영어는 점점 더 필수가 되고 있어요. 그러니 영어는 매일같이, 꾸준히, 부담 없이 갈고닦아야 합니다.

아는 것에 조금씩
살을 붙여 구성하는 능력

All failure is failure to adapt, all success is successful adaptation.
적응하지 못하면 곧 실패, 적응하면 곧 성공이다.

_맥스 맥케온

"가장 즐겨 보는 스포츠는 무엇인가요?"

흔한 질문처럼 보입니다. 하지만 저는 스포츠 중계를 굳이 찾아보는 편은 아니에요. 그래서 '딱히' 할 말이 없었습니다. 이는 2006년 여름, 신문사 입사시험을 보던 당시 원어민 면접관으로 부터 받은 질문이었어요. 저는 영어에 자신이 있었던 만큼 시사 상식, 작문, 면접 등 여러 단계의 고비 중에서 영어 시험만큼은 딱히 걱정되지 않았습니다. 영어로 취재하고 기사를 작성하는 곳도 아니었고, 그냥 어느 정도 커뮤니케이션 능력만 증명하면 된다고 생각했죠. 좀 더 솔직히 말하면 그나마 자신 있는 영어 시험에서 점수를 따놓으면 다른 시험에서 실수를 저질러도 안전할 것 같았어요.

하지만 스포츠 경기 관람은 제 관심사가 아니었어요. 그래서 당황했지만 '이건 내가 영어에 얼마나 익숙한지 확인하는 과정이잖아?' 하는 생각이 들었습니다. 숨을 고르고, 차분하게 영어로 이렇게 말했어요.

"스포츠는 솔직히 잘 모르고 여가시간에는 미술관에 가서 작품 감상을 즐깁니다."

이렇게 말을 해놓고 보니 너무 짧았죠. 영어로 '술술' 말할 수 있다는 걸 보여주려면 좀 더 살을 붙여야 했어요. 저는 이렇게 말을 이어나갔습니다.

"요즘은 해외에 나가지 않고도 서울에서 다양한 전시회를 즐길 수 있어 기뻐요. 미술관에서 작품을 보다 보면 많은 영감을 얻을 수 있는데요. 특히 인상파의 강렬한 색감을 좋아합니다."

원어민 면접관은 만족한 인상이었고 제 전략이 먹혔다고 생각했습니다. 스포츠에 대한 상식, 애호를 물어보기 위한 질문이라기보다는 스피킹 능력을 알아보기 위한 질문이었으니까요. 지금도 누군가 스피킹 시험에 대해 물어보면, 어느 정도 내용에 살은 붙이되 실전에서는 가급적 건조하게 말하는 게 좋다고 조언합니다(보통 멋진 표현을 쓰려다 실수가 나옵니다). 물론 비문을 쓰는 건 지양해야 합니다. 아는 것에 조금씩 살을 붙이되 문법적인 실수가 나오지 않도록 조심해야 해요.

속으로 '역시 내 언변의 비결은 깡이지, 아하하!' 하며 홀가분하게 시험장을 나오는데 불현듯 이런 생각이 들었어요. '앗, 이럴 수가! 강렬한 색감은 인상파(impressionism)가 아니고 야수파(fauvism)잖아!' 그렇습니다. 긴장하고 당황한 나머지 잘못 답한 것입니다. 이미 지난 일이라 어쩔 수 없었어요. 오히려 시험장에서 말하는 도중에 실수를 떠올라서 허둥지둥했다면 더 안 좋은 결과를 냈을 거예요. 이러니저러니 해도 스피킹 시험은 스포츠나 미술에 대한 지식보다는 영어, 그 자체를 보는 시험이잖아요? 괜찮겠거니 하고 얼른 잊어버렸습니다.

결과는 최종 합격이었어요. 신문사 입사 후에도 '새로 들어온 영어 잘하는 애'로 굳어져 세계적인 석학, 유명인과 인터뷰를 진행하거나, 선배들의 인터뷰를 지원하러 다닐 기회가 많았습니다. 그런 만남을 통해 많은 것을 배울 수 있어 참 감사했고요.

흔들림 없는 완벽함보다
중요한 것은 완결성

스피킹에서 중요한 건 가급적 평정심을 잃지 않고 조금씩 말에 살을 붙여 완결성 있게 전달하는 것입니다. 제가 직접 경험한 일은 아니지만 영어 말하기 시험에서 휴대폰을 자기도 모르게 'handphone'이라고 말한 면접자도 있었다고 해요. 'cellphone' 대신 그만 콩글리시로 말한 겁니다. 하지만 실수에 당황하지 않고 평정심을 유지한 채 말을 잘 이어나갔다고 해요. 그 결과, 작은 실수에도 불구하고 다행히 합격하게 됩니다.

작문이라면 몰라도 스피킹에서는 작은 실수에 초연할 필요가 있어요. 외국어가 아닌 국어라고 해도 완벽하게 말하기란 생각보다 쉽지 않습니다. 무리하게 욕심내지 말고 차분하게 나의 생각을 전달하는 데 집중하면 좋은 결과가 따라오기 마련입니

나의 마지막 영어공부

다. 흔들림 없이 완벽하게 말하는 것보다 중요한 것은 말의 완결성이라고 생각해요.

스피킹에서는 조금 허점이 있더라도 말에 살을 붙여 자신의 의도를 완결성 있게 전달하는 것이 중요합니다. 꼭 시험이 아니어도 여러 사람이 모인 자리에서 말을 하면 너무 긴장해서 머리가 백지가 되거나, 말실수를 하거나, 내용에는 문제가 없더라도 발화 속도가 너무 빠르거나 혹은 느려지는 경우가 있습니다. 결국 이때는 높은 수준의 영어 실력보다는 침착함, 대범함, '깡' 혹은 '멘탈'이 큰 역할을 합니다.

2020년 초, 〈미스터트롯〉이라는 트로트 가수 오디션 프로그램 생방송 중 투표 집계를 마무리하지 못하는 일이 발생합니다. 실시간으로 사회자에게 전달된 큐시트에는 '773만 1,781표' '집계를 끝내지 못했습니다.' '다음주 목요일 밤 10시에 결과 발표합니다.' 이 세 문장이 적혀 있었다는데요. 김성주 MC는 이 세 문장을 토대로 다음과 같이 말합니다.

"결과를 발표해드립니다. 자, 일단은 실시간 국민투표로 들어온 우리 시청자분들의 문자투표 콜 수를 말씀드립니다. 전체 문자투표 숫자는 773만 1,781콜입니다. 773만 1,781콜. 이 투표

수, 정말 경이로운 투표수입니다. 아, 문자투표가 예상을 훨씬 뛰어넘는 전례 없는 문자투표 숫자입니다. 그래서 여러분들께 안내 말씀을 드립니다. (…) 지금 문자투표를 담당하고 있는 업체의 이야기로는 (집계에) 수 시간이 걸릴 것으로 예상됩니다. 사상 초유의 일입니다. (…) 투명하고 정확한 채점을 위해서 시간이 걸리더라도 모두 투표의 결과가 확인이 될 때까지 최종 결과 발표를 보류하기로 했습니다. 그래서 결과는, 결과는 일주일 뒤에 3월 19일 목요일 밤 10시 특집 〈미스터트롯의 맛〉 토크콘서트 시간에 발표해드리겠습니다."

큐시트에 주어진 짧은 세 문장을 바탕으로 카메라 앞에서, 그리고 엄청나게 많은 사람들 앞에서 몇 분이고 시간을 끌면서 말을 이어갈 수 있다는 게 정말 대단하다는 생각이 들었습니다. 또 말을 무조건 길게 한다고 잘하는 건 아니죠. 내용을 보면 향후 계획(when, how)과 양해를 구하는 사과의 말을 다 포함하고 있습니다. 손에 땀을 쥐고 결과를 기다렸을 시청자들의 마음도 누그러지게 하고 있어요. 말의 힘이란 정말 어마어마합니다.

나의 마지막 영어공부

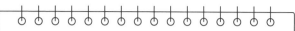

'어(語)테크'와 '재테크'

An education is the investment with the greatest returns.
교육은 가장 수익률이 높은 투자다.

_벤자민 프랭클린

바야흐로 재테크 전성시대입니다. 요즘에는 주변 사람들 모두 투자 이야기, 재테크 이야기를 하고 있어요. 30대 중후반에서 40대 초반 사이에 일찍이 재정적 자립을 달성하고 은퇴해서 여생을 누린다는 일명 '파이어족'도 눈에 띕니다. 여기서 '파이어(FIRE; Financial Independence, Retire Early)'는 경제적 자립, 조기 퇴직을 위해 극단적으로 절약하고 투자하는 이들을 일컫는데요. 재테크와 관련된 유튜브, 블로그, 책, 기사를 보면 모두가 한목소리로 "일해서 번 돈으로 먹고사는 시대는 끝났다." "돈이 돈을 벌게 해야 부자가 될 수 있다."고 말하곤 합니다. '돈이 돈을 벌도록' 하기 위해 투자를 해야 한다는 것이죠. 성공적인 투자, 시쳇말로 '성투'를 위해서는 멘탈, 루틴, 그리고 복리의 마법이 필요하다고 합니다.

영어공부도
복리는 필수

단리는 일정 기간 원금에 대해서만 일정한 이자율을 적용하지만 복리(compound interest)는 원금에 이자를 더하고 이 금액에 다시 이자를 적용하는 방식입니다. 다시 말해 이자가 이자를 낳아서 자금이 불어나는 거죠. 저는 복리가 영어공부에도 적용된다고 생각합니다. 예를 들어 이 복리의 마법을 가능하게 하는 조건으로는 다음의 두 가지가 있어요.

1. 수익률이 일정 이상 되어야 한다.

2. 시간이 돈을 번다. 장기투자는 필수다.

저는 이것이 영어공부와 일맥상통한다고 생각합니다. 그렇다면 돈이 돈을 벌 듯이 '영어가 영어를 버는' 방법은 뭘까요? 영어공부를 할 때도 '가치투자'를 염두에 둬야 합니다. 공부도 나의 미래를 위한 투자니까요. 주식투자를 할 때 실제 가치에 비해 저평가되어 있는, 즉 주가가 낮게 형성되어 있는 기업을 찾기 위해 노력하잖아요? 영어공부를 할 때도 이왕이면 적은 비용과 시간으로 큰 효과를 낼 수 있다면 좋겠죠. 수익률, 그러니까 공부의 효과는 높아야 하고요. 공부의 효과는 물론 개인차가 있어 어느 정도 시행착오는 필요합니다. 방법의 효율도 개인마다 다를 수 있고요. 예를 들어 저는 '필사'로 하는 공부가 머리를 멍하게 비우고 글씨만 쓰는 것 같아 잘 맞지 않더라고요.

무엇보다 중요한 건 장기투자는 필수라는 거예요. 이게 정말 어렵습니다. 언어는 철저하게 장기전입니다. 실력을 기껏 쌓아도 한동안 멀리하면 어느새 감이 다 죽더라고요. 초급 수준에서 멈추면 영어공부를 시작한 의미가 없겠죠? 열정적으로 공부하다가도 영어를 잠깐만 손에서 놓으면 실력이 뚝 떨어지게 됩니다. 또 지속적으로 공부를 하더라도 실력이 정체되어 늘지 않는 슬럼프 구간이 오기도 하고요. 그럴 때는 정말 손을 놓고 싶어져요. 하지만 또 언제 강한 'momentum(모멘텀)'이 있을지 모르기에 꾸준히 버텨야 합니다. 중간에 포기하지 않고 오래도록 영어를 붙들고 있는 사람 앞에 복리의 마법이 펼쳐질 겁니다.

복리의 힘은 결국 시간이 지날수록 차이가 커진다는 데 있습니다. 그런 면에서 실제로도 영어공부는 복리가 맞습니다. 일단 어느 정도 수준에 도달하면 대화가 자유로워지고, 굳이 공부하겠다는 마음이 아니어도 일상에서 다양한 표현을 'pick-up'할 수 있습니다. 이렇게 탄력이 붙으면 억지로 단어장을 보던 시절보다 영어공부가 쉬워져요.

투자 전문가들은 돈을 벌려면 위험을 감수(risk-taking)하면서도 긍정적이고 적극적인 자세를 유지해야 한다고 합니다. 이는 영어 스피킹에 유효한 자세입니다. 과감하고 자신감 있게 하고 싶은 말을 하면서도 내 영어가 완벽하지 않다고 주눅 들지 않는 태도. 이것이 바로 스피킹 실력을 키우는 바로미터입니다.

결국 '재(財)테크'와 '어(語)테크'의 방법은 서로 대동소이한 것 같습니다. 재테크 책만 죽어라 읽는다고 재산이 불어나지 않듯이, 영어 학습서만 많이 읽는다고 실력이 늘지는 않습니다. 이 책을 읽은 여러분도 영어공부를 위한 계획과 전략을 구체화해보세요. 모든 프로젝트에는 기간이 정해져 있다는 것, 잘 아시죠?

언제까지 무엇을 해서 어떤 성과를 낼 것인지 계획을 세우고 몸에 굳은살처럼 박힐 때까지 루틴을 유지하는 겁니다. 신학자 디트리히 본회퍼는 이렇게 말합니다.

"Action springs not from thought, but from a readiness for responsibility."

(실천은 생각에서 나오는 것이 아니라 책임질 준비를 하는 데서 나온다.)

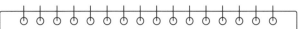

통역사에게 배우는 영어의 추월차선

Agility is the ability to adapt and respond to change.
민첩성이란 변화에 적응하고 대응하는 역량을 뜻한다.

_짐 하이스미스

실행력의 반대말은
게으름이 아닌 완벽주의

IT 프로젝트를 수행하는 방법론 중에 'agile(애자일)' 방법론과 'waterfall(폭포수)' 모델이 있습니다.

애자일은 말 그대로 '민첩한'이란 의미로 변화에 민감하게 대처할 수 있는 개발 방법론이에요. 즉 어느 회사에서 새로운 시스

템을 도입할 때 애자일 방법론에서는 '일단 시작하기'를 강조합니다. 계속적으로 프로토타입을 자주, 빨리 만들어서 사용자에게 보여주고 그때그때 요구사항을 반영해 고쳐나가죠. 시작 단계에서는 부족한 점이 많지만 시간이 지날수록 점차 완성도가 높아집니다. 쉽게 말해 초기부터 완벽을 기대하지 말고 문제점을 신속하게 발견하고 수정하자는 거죠. 애자일 방법론은 문서 중심이 아니라 실행 가능한 소프트웨어를 중시하며, 계획 중심이 아닌 변화에 대한 민첩한 대응을 중시합니다.

폭포수 모델은 애자일 방법론과는 정반대인데요. 계획, 프로세스, 관리, 문서에 중점을 두고 사용자의 요구사항 분석이 완전히 완료된 후에 설계 단계로 넘어가므로 새로운 요구사항을 반영하기 어렵습니다. 폭포수 모델의 특징은 한 번 무언가를 결정하고 나면 그 이후에 변동이 적다는 데 있습니다.

저는 이 중 애자일 방법을 영어공부에 적용해야 한다고 굳게 믿고 있습니다. 애자일 방식을 좀 더 일찍 받아들이지 못한 걸 후회하고 있어요. 사실 지금도 무슨 일이든 어느 정도 완벽에 가깝게 계획이 잡히기 전에는 선뜻 행동하기가 찝찝해요. 그때그때 변동하는 상황에 영향을 크게 받기도 합니다. 성향상 'uncertainty(불확실성)'을 싫어해요. 그래서 가급적 모든 게 확실한 상태에서만 안정적으로 공부할 수 있다고 생각했습니다.

그런데 실행력의 반대말은 게으름이 아닌 완벽주의라는 것을 알게 되었어요. 모든 것이 완벽하게 준비되어 가볍게 '시작 버튼'만 누르면 되는 일은 세상에 거의 없습니다. 일단 시작하는 게 중요한 이유입니다. 시작을 해야 내가 어떤 게 부족하고 고쳐야 하는지도 파악할 수 있죠.

초보자가 영어 실력을 어느 정도 쌓아올리면 이제 관건은 읽기와 쓰기에 달려 있습니다. 사실 우리가 흔히 듣기라고 생각하는 역량은 귀로 들어오는 긴 문장을 읽어내서 해석하는 과정이며, 세련된 말하기라고 생각하는 역량은 마음속으로 작문한 문장을 내 입으로 발화하는 과정에 해당합니다. 즉 읽기, 쓰기와 큰 연관이 있는 것이죠.

첫 문장을 시작하지 못해
망설이고 있다면

영어 작문이 원래 어렵게 느껴지긴 합니다. 유학 준비를 하고 있거나 영어를 전공하는 학부생에게도 작문은 굉장히 큰 벽처럼

나의 마지막 영어공부

느껴집니다. 어쩌다 원어민 교수님의 작문 수업을 수강하면 대단히 움츠러들게 되죠. 단순히 어휘와 문법의 문제만 있는 것은 아닙니다. 영어권은 작문의 형식과 양식을 대단히 중요하게 생각하는 문화가 있어요. 한 문단에 들어갈 문장의 수, 그리고 한 문단을 구성하는 핵심 아이디어의 수와 배열된 위치에 대해 대단히 까다롭습니다.

저는 학부 2학년 때쯤, 이러한 문서 양식의 중요성을 미국인 교수님의 수업을 통해 깨닫게 됩니다. 미국인 교수님은 성격 자체가 굉장히 깐깐하셨는데요. 심지어 과제물은 스테이플러를 찍는 위치까지 정해져 있었어요. 글씨체, 글자 크기, 줄 간격, 한 문단에 허용되는 분량, 한 문장에 허용되는 길이 등 과제물 양식을 설명하시는 데 2시간을 할애하실 정도로 규칙을 매우 강조하셨습니다.

그런데 영어 작문이 어려운 건 단지 '영어 작문'이어서만은 아닙니다. 생각해보면 한국어로도 글을 써볼 기회가 많이 없어요. 한국어 작문도 익숙하지 않은데 외국어로 긴 글을 쓰자니 엄두가 나지 않아요. 미국 학교에서는 우리 나이로 5~7세 정도 되는 아이가 글을 쓰기 시작하면 'spelling(철자)'을 지적하거나 고치는 데 시간을 쓰지 않는다고 합니다. '받아쓰기' 시험이 따로 있을 정도로 맞춤법 하나하나에 예민한 한국식 교육과 비교하면 분위기가 정말 다르죠? 그 이유는 이렇습니다.

Children should feel like successful, independent writers. If children feel like they can't write without perfect spelling, they will not think of themselves as writers.

즉 아이들 개개인을 실력 있는 작가로 여겨야 하는데, 완벽한 'spelling'을 강요하면 아이가 자기 자신을 '작가'라고 생각하지 않을 것이기 때문이라고 해요. 특히 영어권 국가에서는 글씨를 읽고 쓰는 법을 익히게 되는 1학년 아이의 경우 소리 나는 대로 단어를 쓰며 작문할 것을 권장합니다. 스펠링에 자신 없어도 편안하게 글을 쓰며 아이디어를 발전시킬 수 있도록 돕는 것입니다.

아이가 너무 어리면 손으로 펜을 쥐는 힘이 약해서 글 쓰는 것 자체를 힘들어할 수도 있어요. 단어를 적는 것까지는 괜찮을지 몰라도 긴 문장을 여럿 쓰기에는 손이 너무 아플 거예요. 그런데 완전한 작문을 하도록 엄하게 가르친다면 작문과는 점점 거리가 멀어지지 않을까요? 꼭 아이가 아니더라도 성인도 같은 방법으로 작문 연습을 하면 좋을 것 같아요. 작문에 너무 완벽을 기하기보다 일기처럼 간단하게라도 편안하게 글을 써보는 겁니다.

작문을 위한 공부법으로 필사를 추천하는 전문가도 있지만, 필사는 아무 생각 없이 끼적이는 소위 '깜지'가 될 가능성이 큽니다. 다른 이의 글을 베끼기보다 내 머리에서 나오는 글을 직접 쓰는 게 도움이 된다고 생각합니다. 필사한 글이 나의 글이 되지는 않더라고요.

작문에 좀 더 공을 들일 시간적 여유와 열정이 있다면 애자일 방법론과 폭포수 모델을 둘 다 활용하는 방법도 있습니다. 하루 일정한 시간 동안 누구의 간섭도 받지 않고 마음껏 거리낌 없이 글을 쓰는 겁니다. 그리고 동시에 교정, 첨삭 등 글을 피드백해줄 수 있는 사람을 찾아 완벽에 완벽을 기해 작문을 해보는 거예요. 두 가지 방법을 병행해 작문공부를 하면 효과가 어마어마합니다. 저도 직접 경험해봤어요. 피드백을 해줄 사람이 없다면 작문 스터디에 참여해 서로의 작문을 공유하는 방법도 있습니다. 다른 사람의 작문을 읽으면 좋은 표현을 익히고 글의 짜임을 배울 수 있어 얻는 게 많습니다.

PART 5

그들은 어떻게
영어 고수가 되었을까?

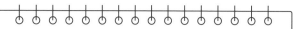

고수와의 인터뷰_ 배우 양현진

"언어를 배울 때는 언어뿐만 아니라 문화 자체를 같이 받아들여야 하기 때문에 또 하나의 시각을 갖게 됩니다."

_양현진

〈60일, 지정생존자〉에서 통역사 역할을 맡아 자연스러운 영어 연기를 선보인 양현진 배우와 만나 영어공부 노하우를 물었습니다. 그간 영화와 드라마에서 다양한 외국어 연기를 하는 배우들은 대개 둘 중 하나였습니다. 외국어가 어설프거나, 연기가 어설프거나. 그런데 양현진 배우는 '둘 다 되는' 배우라서 깊은 인상을 받았어요. 연기할 때의 미묘한 목소리 톤과 발성 때문에 외국에서 다년간 살았던 사람일 것이라고 짐작했는데요. 실제로 양현진 배우는 유년기 시절 남미와 미국에서 산 경험이 있고, 다양한 언어를 가지고 놀 줄 아는 사람이었습니다.

영어는 연기처럼,
영어는 복싱처럼

Q 영어로 연기할 수 있는 배우의 영어공부법이 궁금합니다.

A 제가 직업이 배우지만 또 생계를 위해 오디션을 보러 다니며 아이들에게 영어를 가르치기도 했던 입장이라, 이건 두 가지 관점에서 설명해볼게요. 일단 학원 선생님으로서 (웃음) 말해보자면요. 단어와 문법은 그냥 앉아서 열심히 투자한 시간만큼 늘더라고요. 다만 그 시간이 어느 정도 즐거워야 오래 앉아서 버틸 수 있죠. 공부 시간을 즐겁게 만드는 건 공부를 하는 당사자에게 달린 문세예요. 자기만의 방법을 창의직으로 찾을 수 있어야 하죠.

그리고 듣기와 말하기는 기본적으로 복싱이에요. 제가 요즘 배역도 따고, 그리고 몸도 만들 겸 복싱을 배우고 있는데요. 결국 복싱이라는 게 악기 배우는 거랑 똑같더라고요. 동일한 패턴을 무수히 반복해서 근육에 새겨지게 하는 것. 그래서 일련의 동작이 민첩하게 몸에서 튀어나오게 하는 것. 외국어도 마찬가지죠. 머리에 입력하고 자연스럽게 입을 통해 나갈 수 있도록 훈련, 또 훈련입니다.

영어공부가 복싱과 비슷한 점이 또 있어요. 복싱 스파링처럼, 악기로 치면 콩쿠르처럼 '라이브', 그러니까 실제 현장에서 반드시 써봐야 스킬을 체득할 수 있어요. 연기자가 영화, 드라마에 얼굴을 비치지 않고 혼자서 연기력만 갈고닦아서는 자연스럽게 연기를 할 수 없듯이 말이에요.

Q 영어를 구사할 수 있다는 게 연기에 어떤 도움이 되었나요?

A 일단 영어여서가 아니라 언어를 한 가지 더 할 수 있다는 것 자체만으로 세상을 바라보는 문, 그리고 나 자신을 바라보는 문이 하나 더 열리게 됩니다. 언어를 배울 때는 언어뿐만 아니라 문화 자체를 같이 받아들여야 하기 때문에 또 하나의 시각을 가지게 됩니다. 이런 관점을 통해 삶이 훨씬 더 풍요로워지고, 느끼고 생각할 거리가 많아지는 것 같아요. 그런데 이게 바로 연기 그 자체라는 걸 깨닫게 되었습니다.

배우는 나를 탐구하고, 세상을 탐구해야 하는 직업이에요. 제 경우 외국어가 세상을 탐구하는 데 큰 도움이 되었고요. 특히 그 외국어가 영어라면 더 많은 혜택을 누릴 수 있습니다. 세상 웬만한 것들은 다 영어로 번역되어 있고, 많은 정보가 우선적으로 영어로 작성되죠. 영어에 익숙하면 양질의 정보에 쉽게 접근하고 습득할 수 있어요.

연기 커리어에서 롤모델로 삼고 싶은 외국 배우의 인터뷰를 찾아보고, 그들의 생각을 듣고 바로 이해할 수 있다는 것 역시 좋은 무기입니다. 연기를 공부할 때도 마찬가지예요. 우리말로 작성되었거나 번역된 자료에 국한되지 않고 보다 더 능동적으로 자료를 찾아 공부할 수 있어 목마름을 해소할 수 있었습니다. 예전에 마약 중독자로 나오는 배역의 오디션을 준비한 적이 있어요. 한국어로는 관련된 정보를 찾고 습득하는 데 한계가 있더라고요. 외국어로 검색을 하니 영상이나 자료가 훨씬 많아서 준비가 수월했어요. '이런 때도 도움이 되는구나.' 싶어서 웃기기도 했고요.

Q 생계를 위해 학원에서 영어를 가르친 경험이 있다고 들었습니다. 양현진 배우가 생각하는 우리나라 영어 교육의 특징과 한계는 무엇인가요?

나의 마지막 영어공부

Ⓐ 영어가 아니더라도 무언가를 배울 때 중요한 건 'Never be discouraged and keep on taking small steps.'라고 생각해요. 세상은 너무 많은 평가와 판단의 눈으로 우리를 바라보는 것 같아요. 말로는 실패해도 괜찮다, 배우고 다시 일어서면 된다고 하지만 사실은 모두가 실패를 두려워하는 시대예요. 특히 우리나라는 1등이 아니면 가치가 없다는 식의 교육을 많이 주입하는 것 같아요. 그러다 보니 아이들은 자라서 실패를 두려워하는 어른이 됩니다. 하지만 절대로 실수와 실패 없이 무언가를 배울 수는 없습니다. 더 나아질 수도 없고요. 저는 외국어든, 연기든 무언가를 배울 때 절대 실패에 낙담하지 않아야 한다고 생각해요. 허황된 'bluffing', 그러니까 일종의 '허세' '센 척'을 하라는 건 아닙니다. 'truth'로 나를 무장하면 넘어져도 거뜬히 일어날 수 있는 힘을 기를 수 있어요. 이것이 무언가 배우는 데 필요한 비법입니다.

한국에 돌아와서 영어를 가르치는 일을 하며 생계를 유지하고, 오디션을 보러 다녔었는데요. 그러면서 너무 안타까웠던 건 영어울렁증을 넘어 영어기피증, 영어혐오증에 걸린 아이들을 많이 만났다는 거예요.

Q 그래서 아이들이 영어울렁증을 극복하고 영어를 좋아하게, 잘하게 만드는 데 성공했나요?

A 아이들을 다독이며 "영어는 널 절대 이길 수 없어. 영어는 그 자리에 늘 가만히 있을 뿐이야. 그러니까 너희가 조금씩 아주 조금씩만이라도 앞으로 가면 언젠가는 영어를 이길 거야."라고 조언했습니다.

제가 연기 커리어를 추구함에 있어서, 그리고 사람들이 외국어 공부를 하는 데 있어서 중요한 건 나 자신을 누구와도 절대로 비교하지 않는 것이라고 생각해요. 세상에 영원한 챔피언은 없어요. 오늘 시험 점수, 유창한 발표, 취업으로 나를 이긴 것 같은 사람이 있더라도 내일은 내가 승자일 수 있어요. 다른 분야에서는 또 승자와 패자가 뒤바뀔 수 있죠. 저 역시 하루하루 힘든 일, 좌절하는 일에 부딪히면 마음이 약해지고 오늘의 패배가 영원할 것만 같은 기분을 느낍니다. 하지만 이런 마음가짐을 너무 어려서부터 주입해서는 안 됩니다. 애초에 등수 매기기는 의미가 없습니다. 인생은 각자의 마라톤이니까요.

고수와의 인터뷰_
통번역사 장유경

"사회인의 영어공부는 학생의 영어공부와는 달라요."

_장유경

이른바 '한영불' 통번역사, 그러니까 세 언어를 구사하는 장유경 통역사와의 인터뷰를 준비하면서 저는 프랑스어와 영어, 두 서양 언어의 공통점과 학습의 유리함에 초점을 맞출 생각이었습니다. 그런데 그녀는 "프랑스어와 영어, 두 언어를 모두 구사한다는 게 오히려 방해가 되었어요."라고 말했습니다. 두 언어를 구사하는 게 학습에 방해가 되었다니, 예상과는 달랐죠. 그 이유를 물었습니다.

언어에 대한 사랑과
칭찬, 격려가 필요해

Q 학부에서도 영어영문학, 불어불문학을 복수전공하시고 한불과를 졸업한 후 다시 한영과에 입학해 한영불 통번역사가 되셨습니다. 프랑스어와 영어 간에 유사점이 많아 유리했을 것 같은데요?

A (미소 지으며) 오히려 방해가 되죠. 영어와 프랑스어는 문법은 비슷하지만 동사 변화, 전치사 사용 등이 아주 달라요. 영어에 치우쳐 공부하면 어느 날 갑자기 영어식으로 프랑스어를 하는 나 자신을 발견하고, 프랑스어에 치우치면 프랑스어처럼 영어를 구사하는 나 자신을 발견합니다. 따라서 두 언어를 혼동하지 않도록 모드 전환을 잘해야 하는데요. 그러기 위해서는 각 언어 고유의 표현을 계속해서 따로 익혀야 합니다. 그리고 외국어를 하나만 공부하는 사람에 비해 외국어공부에 투자하는 시간이 절대적으로 부족하죠. 요즘에는 아예 따로 속독법을 훈련해서 각 언어당 공부량을 정량적으로 늘려야 하나 싶어요. 그러면 짧은 시간에 많은 양의 텍스트를 읽을 수 있을 테니까요.

10년 전쯤, 같이 언어를 평생 갈고닦아야 하는 고달픔에 대해 수다를 떨다가 장유경 통역사가 "두 외국어를 함께 가꾼다는 것은 '두 아이를 키우는 일'과 같다."라고 이야기한 적이 있었습니다. 세월이 흘러 저는 두 아이의 엄마가 되었죠. 문득 아직도 그렇게 생각하는지 궁금해졌습니다.

Ⓠ 예전에 영어와 프랑스어를 함께 갈고닦는 일을 '두 아이를 키우는 일'에 비유하신 적이 있습니다. 어떤 점에서 그런지 설명 부탁드립니다.

Ⓐ 잘 아시겠지만 아이를 잘 키우려면 그 무엇보다 '사랑'이 필요하죠. 외국어공부는 육아와 비슷한 점이 많아요. 매일같이 아이의 밥을 챙겨 먹이는 일이 육아의 기본이듯, 외국어공부의 기본 또한 '매일같이' 하는 게 핵심이에요. 아이를 키우는 마음으로 애정을 듬뿍 담아 매일같이 외국어공부에 신경 써야 합니다. 또 아이의 발육 상태를 파악하고 칭찬과 격려를 해주는 것이 중요하듯, 두 외국어를 공부할 때도 자신의 언어 구사능력을 최대한 객관적으로 파악하고 조금이라도 발전이 있으면 충분한 칭찬과 격려를 해줘야 해요. 이 모든 과정은 사랑과 관심이 없으면 오래 지속하기 어렵겠죠?

ⓠ 저도 자주 듣는 질문이지만, 외국어공부의 왕도는 무엇일까요? 가장 효과적이고 강력한 공부법은 뭘까요?

ⓐ 학생 시절의 공부와 사회인의 공부는 완전히 다릅니다. 학생 때는 말 그대로 책상 앞에 앉아서 외국어를 '공부'하는 시기예요. 이 시기는 '몇 시부터 몇 시까지' 공부할지를 정해놓고 자신과의 약속을 지키는 게 중요하죠. 사회인이 되어서는 공부할 시간을 충분히 갖기가 사실상 불가능합니다. 따라서 '어떤 상황에서 어느 정도의 시간을 들여' 공부하는 게 '가능할지'를 염두에 두는 것이 필요합니다.

ⓠ 하루 일과를 살짝 공개해주시죠.

ⓐ 저는 아침, 저녁에 스트레칭을 하며 몸의 긴장을 푸는데요. 한 번에 약 15분이 걸려요. 이때 하루는 영어, 하루는 프랑스어 라디오를 듣습니다. 그리고 오전에 번역 일을 시작하기 전에 약 1시간 정도 성경을 비롯한 다양한 원서를 읽어요. 그다음에는 통번역할 언어가 무엇인지에 따라 그 날의 업무용 언어로 신문을 읽어요. 여기까지가 제가 정해놓은 하루의 기본 공부 분량입니다. 해야 할 일이 적어서 여유가 있는 날에는 분량을 늘리기 용이하죠.

나의 마지막 영어공부

Q 일상이 너무 바빠 따로 시간을 할애해서 영어공부에 투자하기가 쉽지 않더라고요. 프리랜서 통번역사로서 굉장히 바쁘실 텐데요. 시간관리 비결은 무엇인가요?

A 말씀드렸듯이 '어떤 상황에서 어느 정도의 시간을 들여' 외국어공부를 할 것인지 정하는 게 중요해요. 집중을 위해 저는 배경음악을 적극 활용하는 편입니다. 유튜브를 보면 공부나 일에 집중하고 생산성을 높이는 데 도움이 되는 음악과 ASMR 음향이 많습니다. 이것저것 찾아 듣다 보면 스스로에게 가장 잘 맞는 음악이 있어요. 그 음악을 이어폰으로 잔잔하게 들으며 외국어 텍스트를 읽는 편이에요.

Q 당부할 점이나 추천하고 싶은 교재가 있다면 말씀해주세요.

A 영어 단어를 외우는 데 너무 많은 시간을 소요하기보다 외국어로 된 쉬운 글을 많이 읽는 것이 좋습니다. 글을 많이 읽으면 듣기와 말하기 실력도 향상됩니다. 아는 만큼 듣고 말할 수 있기 때문입니다. 또 글을 많이 읽다 보면 반복되는 표현을 무의식적으로 체득할 수 있어요. 그러면 말할 때 자연스럽게 튀어나오게 되더라고요. 아이가 애써 단어를 외우지 않아도 엄마의 말을 듣고 언어를 습득하듯이 많은 글을 즐겨 읽음

으로써 외국어를 체득할 수 있습니다.

단, 모국어로 언어를 배운 경우가 아니라면 무조건 듣기만 해서는 실력이 늘지 않습니다. 눈으로 좋은 문장을 많이 보는 것이 중요합니다. 그리고 외국어공부에는 변곡점이 있어요. 실력이 좀처럼 늘지 않는 것 같지만 어느 시점에 도달하면 그때 단번에 확 올라가는 거죠. 그런데 그게 언제인지는 사람마다 달라요. 그때가 올 때까지 기다려야 합니다. 물을 계속 가열해야 100도에 도달해 펄펄 끓는데 수온을 99도까지 올려놓고 포기하면 아깝잖아요. 꾸준히 하는 것이 유일한 방법이죠. 외국어공부에 도움이 되는 자료로는 제임스 클리어의 『아주 작은 습관의 힘』이라는 책을 권합니다. 습관을 형성하는 데 많은 도움이 되었어요. 책의 내용을 외국어공부에 적용해보면 좋겠습니다. 원서의 제목은 『Atomic Habits』입니다. 〈뉴욕타임스〉 등 영자신문을 읽거나, 뉴스를 다국어로 제공하는 KBS World(world.kbs.co.kr)를 활용하는 방법도 있어요. 애플리케이션으로는 미국 라디오 방송 'NPR One'이 깔끔해요. 요즘은 영어 학습과 관련된 많은 웹사이트, 애플리케이션이 제공되고 있는데요. 자신에게 가장 잘 맞는 웹사이트, 애플리케이션을 찾아서 정착하면 되겠습니다.

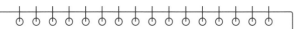

고수와의 인터뷰_
주부 문미영

"요행과 비법을 바라는 사람들 중에서 영어를 잘하는 사람은 없어요."

_문미영

영어를 좋아하는 사람과 만날 때면 공통적으로 느껴지는 특유의 활기찬 기운이 있습니다. 저 역시 통역사의 길을 걷고 있기에 이렇게 말하면 부끄럽지만, 외국어를 좋아하는 사람 특유의 명랑하고 밝은 느낌이 있어요. 대전에 거주하는 주부 문미영 씨도 그런 사람 중에 하나입니다. 저는 그녀가 단 한 번도 비관적이거나 노력을 게을리하는 걸 본 적이 없습니다. 꾸준함이라는 말이 주는 이미지는 주로 묵묵함이지만, 문미영 씨의 꾸준함은 명랑함

에 가깝습니다. 사회 생활을 하며 속상한 일이 있어도 오래 담아
두지 않고 다시 자기 궤도로 돌아오는 그런 꾸준함을 가진 사람
이에요.

영어는 요행도,
비법도 없어

Q 모교인 동국대학교 경주캠퍼스에서 겨울방학 특강으로 토익
을 가르치는 강사로 활동했었고, 최근까지는 공기업에서 일하
신 걸로 알고 있습니다. 학생들에게 토익 강의를 했던 이야기
가 궁금합니다.

A 사실은 토익 강의를 전문적으로 해본 경험도 없고, 그냥 토익
점수만 900점대였어요. 4년 전쯤, 결혼을 하고 경력이 단절되
면서 다시 일하고 싶다는 생각이 간절했거든요. 그래서 학교
에 무작정 이력서를 제출했어요. '점수만 있는 내가 설마 뽑
히겠어?' 하는 마음이었는데 며칠 후에 연락이 왔어요. 5주
단기 토익 강사인데 해볼 생각이 있냐고요. 남편과 의논한
뒤, 모교 후배들이니까 친근하게 다가갈 수 있겠거니 싶어서

시작했는데요. 참 잘한 결정이었어요.

처음에는 200~300점대 점수를 받았던 학생들이 600점대까지 점수를 끌어올리는 데 성공하자 정말 뿌듯하더라고요. 물론 학생들이 열심히 했기 때문이지만 그 과정에서 저도 많은 에너지를 얻었어요. '지금껏 공부법을 몰라서 그렇지 내가 이끌어주면 더 잘할 수 있겠는데?' 하는 욕심이 들어서 좀 더 열심히 강의를 했죠.

매일 아침 9시부터 저녁 8시까지 강의가 이어졌는데요. 고생스럽고 피곤했지만 학생들을 생각하면 힘이 났어요. 저는 학생들에게 '영어는 나 편하자고 하는 것'이라고 강조하곤 했어요. 영어를 잘하면 다양한 진로가 열리고 선택의 폭이 넓어진다고요. 어쩌면 영어를 가르치는 것, 그 자체보다는 학생들로 하여금 스스로 동기 부여를 잘하게 하는 게 제 강점이 아닌가 싶어요. 제가 가르친 학생 중에는 외국으로 취업한 경우도 있으니 참 보람 있었죠.

Q 영어 강사, 공기업 번역 및 행정 업무, 해운업체 근무 등 다양한 현장을 경험했잖아요. 매번 다른 일터에 적응하는 게 힘들지 않았나요?

Ⓐ 번역 자체는 전문용어가 많아서 어렵고 힘들었어요. 하지만 영어를 좋아하는 사람이 영어를 쓰는 일을 할 수 있으니 일터에서도 즐거웠죠. 공부도 많이 할 수 있었고, 이후에는 번역 일에도 관심을 갖게 되었습니다. 최근에 근무했던 대전 소재 공기업에서도 번역과 행정 업무를 병행했는데요. 솔직히 업무가 만만하지는 않았어요. 하지만 영어라는 공통점이 있기에 늘 기쁘게 생각하고 일에 임한 것 같아요. 영어가 저의 한결같은 '마인드셋'에 큰 영향을 미친 거죠.

공공기관에서 근무를 마치고 지금은 잠시 전업주부로서 마음껏 책도 읽고, 기분 좋게 앞으로의 진로를 모색하고 있어요. 전업주부였다가, 학원에도 잠시 몸담았다가, 공기업에도 들어갔다가, 다시 취업을 준비하는 전업주부가 되기까지 지난 3~4년간 참 변화무쌍했네요. 저는 취업을 준비하는 지금이라고 해서 움츠러들지 않습니다. 오히려 '한 발짝 물러서면 열 발짝 앞으로 나간다!'라는 마음가짐으로 부족한 부분을 다듬는 기회로 삼을 생각이에요.

'외국어'를 공부 겸 직업의 대상으로 삼아 집요하게, 치열하게 연마하는 삶을 살아온 저의 눈이 번쩍 뜨이는 말이었습니다.

나의 마지막 영어공부

순수하게 갈고닦는 삶이 재미있다고 느낀 지 너무 오래된 건 아닌지, '한 발짝 물러서야 하는' 순간이 오면 매번 기죽고 좌절했던 건 아닌지, 그녀의 살아온 이야기를 들으며 반성했습니다.

Ⓠ 미래 계획은 어떻게 되세요?

Ⓐ 누군가에게는 대단할 것 없는 커리어일지 모르지만 모든 경험이 저에게는 하나씩 쌓아올린 소중한 삶의 기록이에요. 그래서 포기하고 싶지 않은 마음에 꾸준히 이력서를 쓰고 재취업을 준비하고 있습니다. 대학 때는 통역에 관심이 많아서 국제행사나 콘퍼런스에서 수행통역 업무를 보곤 했는데요. 다른 나라 장차관을 모시고 스케줄 관리를 돕는 일이었어요. 처음 들어보는 나라에서 온 분들도 많았고요. 하루하루가 새롭고 행복해서 이 일이 적성에 잘 맞는다는 생각이 들었습니다. 그래서 꾸준히 영어공부를 하며 통번역 민간 자격증도 많이 땄습니다. 이런 자격증을 딴다고 전문 통역사가 되는 것은 아니지만 취업에 많은 도움이 되었죠. 그래서 최근에는 대학원 진학을 준비하고 있습니다. 그동안은 취업을 위해 공인시험 위주로 영어를 공부했는데, 이제는 조금 결이 다른 공부를 해보려고요.

Q 결이 다를 수는 있지만 그래도 어쨌든 인생의 큰 주제는 '영어'네요. 영어를 좋아하는 사람을 만나면 신기한 공통점 같은 게 있습니다. 성격이 무척 외향적이라는 것과 사소하지만 아주 구체적인 계기 같은 게 있어 영어를 좋아하게 되었다는 건데요. 영어를 좋아하게 된 계기가 있나요?

A 다들 그렇지만 어려서부터 어머니가 영어 만화 비디오를 많이 틀어주셨어요. 한국어 만화는 오래 보면 혼났지만 영어로 된 건 오래오래 볼 수 있어서 그게 너무 좋은 거예요. 좀 유치한 계기지만 그래서 미국 만화를 통해 영어에 대한 거부감을 빨리 날려버릴 수 있었습니다. 그랬더니 부모님께서 미리 계획하셨던 것처럼 사립초등학교에 입학시키셨어요. 1990년대지만 고향인 포항에 뉴질랜드 원어민 선생님이 있는 초등학교가 있었거든요. TV로만 듣던 영어를 내 눈앞에서 접하니 더 재미있어질 수밖에요.

Q 스스로의 영어 실력을 평가한다면 몇 점인가요?

A 굳이 점수를 매기자면 70점 정도라고 생각해요. 영어 잘하는 사람이 너무 많아요. 저처럼 한국에서 쭉 자란 '국내파'여도 영어 잘하는 사람이 많습니다. 저는 듣기와 읽기는 자신 있는

편이에요. 긴 영어 문장을 읽었을 때 내용을 잘 캐치하는 편이죠. 독해를 잘하는 사람은 결국 리스닝도 잘하게 된다고 생각해요. 본질은 같거든요. 눈으로 보고 읽느냐, 귀로 듣고 이해하느냐의 차이일 뿐이고요. 그런데 작문은 자신이 없어요. 우리나라에서 자라고 교육을 받은 사람은 영어로 직접 글을 쓸 일이 거의 없잖아요? 학교에서 과제로 작문 숙제를 내주기도 하지만 짤막한 일기나 에세이 위주이기 때문에 실력이 늘기 힘들고요.

저는 수능에서 외국어 영역만 1등급을 받았는데요. 영어는 하는 만큼 실력이 나온다 싶어서 더욱 영어를 좋아하게 되었지만, 수능공부 역시 작문과는 거리가 있어서 별로 도움이 되지 않았어요. 재미있게도 문법은 어느 정도 알고 나면 다른 사람의 글을 보고 어디가 틀렸는지 짚을 수 있잖아요? 그래서 남의 글을 지적하는 건 잘하는데 막상 제가 글을 쓰면 막막하더라고요. 요즘에는 분량은 좀 짧더라도 매일같이 영어로 글을 쓰려고 노력하고 있어요. 서툴지만 조금씩 실력이 나아지고 있어요. 아직 공부량은 부족하지만 그래도 아예 안 하는 것보다는 낫잖아요?

Q 마지막으로 영어공부 비결이 궁금합니다.

A 영화를 볼 때 웬만하면 자막을 안 보려고 해요. 그리고 한 영화를 여러 번 보는 게 귀를 뚫는 데는 최고라고 봅니다. 반복해서 듣다 보면 어느 날 대사가 귀에 생생히 들려요. 심오한 영화일 필요도 없습니다. 저는 디즈니의 〈알라딘〉〈미녀와 야수〉〈라이온 킹〉 등을 몇 번이고 반복해서 봤습니다. 결국 영어는 반복이 답이라고 생각해요. 요행을 바라고 비법을 바라는 사람들 중에서 영어 잘하는 사람은 못 봤습니다. 저는 느리더라도 꾸준하게 한 걸음씩 나아갈 생각이에요.

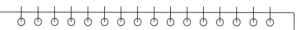

고수와의 인터뷰_
엄마표 영어 김보미

"엄마표 영어가 곧 엄마의 영어가 됩니다."

_김보미

3년 전, 아이가 말을 시작할 무렵 미국 조지아주 애틀랜타로 이주해 아이를 육아 중인 김보미 씨. 한국에서 피아노 학원을 운영하던 김보미 씨는 사교육 현장에서 아이들을 지도하는 사람으로서 늘 교육에 대해 소신 있는 목소리를 내던 지인입니다. 김보미 씨는 미국 현지에서 어떤 교육을 하는지 이야기해달라는 요청에 흔쾌히 응해주셨는데요. 한국에서 학원을 운영하던 시절에는 아이가 너무 어렸기에 양쪽의 교육을 정확히 비교할 수는 없지만, 미국의 경우 아이 주도(child-led) 커리큘럼으로 교육과정이 구성된 게 큰 장점이라고 해요. 단단히 뿌리내린 교육철학을 지닌 엄마가 아들과 미국에서 지내며 겪은 생생한 이야기를 들어봤습니다.

미국은 초등학교 입학 전부터 '문해력' 수업

❓ 현재 아이가 재원 중인 유치원 과정에 대해 자세한 설명 부탁 드립니다.

🅰 'reggio emila(레조 에밀리아)' 접근법이라고 해서 아이들의 흥미 위주로 교육 목표와 프로젝트 활동을 정하고 그에 맞게 환경을 구성하는 사립 'preschool(프리스쿨)'에 보내고 있어요. 레조 에밀리아 교육법에서는 어린아이도 스스로 생각할 수 있는 존재라는 걸 중요시해서 토의와 체험형 수업을 많이 합니다. 만 4세부터인 'pre-k(프리케이)'와 'kinder(킨더)'는 주 5일이 기본이고, 더 어린아이는 주2~3회로 횟수를 선택해 다닐 수 있어요. 정식 학기 과정인 9월~5월까지 '프리케이' 기

준으로 하루 4시간 정도 '학교'에서 9개월간 교육을 받을 경우 수업료는 8,500달러 정도입니다.

유치원생 정도 나이의 아이를 미국에서 기르는 엄마들은 대개 유치원, 어린이집이라는 표현보다는 '학교'라는 표현을 씁니다. '프리스쿨' 과정을 정식 교육과정의 일부로 보면서도 '학습'보다는 체험형 수업에 신경을 쓰는 게 신선했습니다.

Q 한국의 영어유치원에서는 주로 읽기 위주로 수업을 합니다. 독해 실력을 수준별로 나눠 많이 읽을 수 있도록 지도하고 숙제로는 챕터북 읽기를 내주죠. 미국 유치원은 어떤가요?

A 미술, 음악, 'literacy(문해력)' 수업 외에 다양한 프로젝트 활동과 자유 시간이 있어요. 아직까지 숙제를 받아온 적은 없고요. 점선을 따라 이름을 써오는 'tracing(트레이싱)' 정도는 해오라고 워크시트를 보내주셨었어요.

초등학교 입학 전 과정에서부터 문해력 수업을 한다니 인상적이었습니다. 문해란 읽기와 작문 그 이상의 것으로 아이들로 하여금 읽은 내용을 'interpret(해석)'하게 하고 이해하게 하는 활동을 포함합니다. 문해력 수업이라고 해서 거창한 걸 가르치는 게 아니라 말 그대로 'preschooler(미취학 아동)'가 문자를 친숙하게 느낄 수 있도록 하는 다양한 게임 활동을 말합니다. 예를 들어 일회용 종이컵에 알파벳 글자 한 개씩을 써서 주변에 넓게 늘어놓고 부드러운 공을 차서 맞추며 큰 소리로 글자를 읽도록 하는 등이죠.

Q 아이가 무슨 시간을 제일 좋아하죠?

A 당연히 친구들과 뛰어노는 놀이터 시간을 제일 좋아하고요, 'class party' 형식으로 진행하는 할로윈, 추수감사절, 새해, 밸런타인데이 행사도 있고요. 음력 설에도 이벤트를 해요. 'cinco de mayo(씽꼬 데 마요)' 'mardi gras(마르디 그라)' 등 다양한 문화권 행사를 경험할 수 있어서 좋고요. 물론 파티 간식과 활동은 부모님들의 참여가 필요합니다.

Q 아이와 동네 도서관에도 자주 가신다고 들었어요. 아이와 읽기 좋은 책이 있다면 추천해주세요.

A 아이가 어릴 때는 지역 도서관에서 진행하는 스토리 타임 수업을 다니곤 했는데요. 요즘은 하원하고 나서 같이 도서관에

가서 함께 책을 대여해 보고 있어요. 남자아이라 그런지 우리 나이로 6살 때부터 히어로물에 심취하기 시작했죠. 얼마 전까지는 앤서니 브라운의 『Willy the Wimp』를 꽤 오래 좋아했습니다. 아직은 그림책을 읽는 나이라서 교육적인 목적보다는 아이가 흥미를 갖는 책 위주로 고르게 되는 것 같아요.

아이를 위해 책을 고를 때도 아이가 즐겁게 읽을지를 염두에 두고 고르죠. 아이와 함께 읽었던 책 중에 『Thank you, Omu!』가 감동적이었습니다. 'omu'는 나이지리아어로 '여왕'을 의미하는데요. 작가는 자신의 할머니를 부르는 말로 써요. 뿌리에 대한 자긍심과 화려한 삽화가 마음을 사로잡았습니다.

Q 정규 수업 외에 'extracurricular(과외)' 활동은 어떤 걸 하고 있나요? 아이의 친구들은 어떤가요?

A 방과 후 수업으로는 발레, 요리, 피아노 클래스가 운영되지만 저는 따로 시키고 있지는 않아요. 친구들과 놀이터에서 뛰어놀며 시간을 보내거나 아니면 박물관에 가죠.

영어 노출이 수월한 환경이어서 그럴 수도 있지만, 조급함 없이 아이에게 튼튼한 토양을 만들어주는 모습이 좋아 보였습니다. 애틀랜타는 한인 인구 5만 명이 넘는 도시지만 김보미 씨 가족은 한인 커뮤니티가 활성화된 지역이 아닌 '미드타운'에 살고 있다고 해요. 아이에게 한국어를 계속 습득할 수 있는 환경을 만들어주기 위해 집에서는 되도록 한국어로 대화하고 한국어로 된 책을 읽어주고 있다고 하네요.

Q 현지 생활을 위한 영어를 어떻게 갈고닦고 계신가요?

A 놀이터에서 만난 다른 아이의 엄마, 아빠와 'small talk'를 통해 영어를 배우고 있어요. 육아 동지들끼리는 국적과 언어를 넘어 통하는 면이 분명 있거든요. 또 아이와 함께 그림책을 읽다가도 모르는 단어가 나오곤 하는데요. 그럼 저도 이때다 싶어 외워놓습니다. 아이가 잘 때는 넷플릭스에서 재미있는 시리즈를 틈틈이 시청하고요. 영어가 들리고, 영어로 말해야 하는 환경에서 살고 있긴 하지만 영어를 늘리기 위한 방법은 한국에서랑 다를 게 없죠. 틈틈이 조금씩 하다 보면 (영어 실력이) 어느 순간 확 늘어 있더라고요.

나의 마지막 영어공부

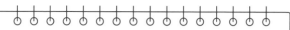

고수와의 인터뷰_
영어영재 도가은

"실수는 실패가 아니에요. 실수를 통해 더욱 성장할 수 있어요."

_도가은

요즘 어린이들에게 꿈을 물어보면 '그냥 부자'가 되고 싶다고 한다는 말은 아마도 거짓말인가 봅니다. 초등학교 6학년 도가은 양에게 꿈을 묻자 망설이지도 않고 "제 꿈이요? 통역사, 영어 선생님, 아나운서, 기자요." 하는 대답이 술술 나왔습니다. 사람들 앞에서 말과 글을 사용하는, 그것도 주로 영어를 사용하는 직업을 나열한 걸 보니 관심사는 영어인 것 같아요. 도가은 양은 "영어 교육, 건축, 언론, 법률에 관심이 많아요. 나중에 공부해보고 싶은 분야예요!" 하고 덧붙였습니다. 내심 원하는 말을 들은 기분이 들어 마음이 흡족했네요. 영어 그 자체를 목적으로 생각하는 것은 경계해야 합니다. 영어는 더 쉽게, 더 넓은 세상에 닿기 위한 도구일 뿐이니까요.

영어는 더 넓은
세상을 위한 도구

Q 제 첫 번째 책『통역사의 일』을 계기로 도가은 양을 알게 된 것 같아요. 그때가 초등학교 4학년이었던가요? 책의 소감을 보내준 독자들 중에 가장 나이가 어리고 당찼던 기억이 납니다. 꿈을 이루기 위해 요즘도 영어공부를 열심히 하고 있나요?

A 평소 통역사라는 직업에 관심이 많았는데요.『통역사의 일』을 통해 더욱 흥미를 갖게 되었어요. 최근 가장 되고 싶은 장래희망은 아나운서와 기자입니다. 받아 보고 있는 영자신문의 QR코드 동영상에서 한 한국인 기자가 '영어'라는 언어로 뉴스를 전달하는 것을 보았는데요. 다양한 이야기를 전 세계인이 공유하는 데 있어 언어의 역할이 크다는 걸 깨달았어요.

아나운서와 기자가 사람들에게 정보를 전달하는 모습이 멋져서 최근에는 영어에 더 큰 관심을 갖게 되었어요.

Q 꿈을 이루기 위해 지금은 어떤 노력을 하고 있나요?

A 원래 책 읽는 걸 무척 좋아했는데요. 특히 제가 갖고 있는 꿈을 이룬 사람들의 책은 꼭 찾아서 읽어봐요. 직접 만나지 않고도 많은 이야기를 들을 수 있잖아요. 영어는 제가 좋아하는 언어이기도 하지만, 제 꿈을 이루기 위해 잘해야 하는 언어라고 생각합니다. 문제풀이나 공부로만 접하지 않고 영자신문을 읽거나, 좋아하는 작가의 원서를 보기도 해요. 영어 유튜브 동영상과 팝송을 찾아 듣기도 하고요. 일상 속에서 최대한 영어 노출을 많이 할 수 있도록 하고 있어요. 최근에는 휴대폰 언어 설정을 영어로 바꾸기도 했어요. 우리나라 말로는 '설정'이 영어로 'setting'인 걸 굳이 외우지 않아도 휴대폰을 쓰면서 익힐 수 있잖아요.

Q 아직 초등학교 6학년인데 굉장히 왕성하고 활발한 대외활동을 하잖아요. 의회 체험 등 다양한 활동과 영어공부 사이의 연결고리가 있을까요?

Ⓐ 저는 누군가의 말을 들어주고 서로 의견을 교환하는 것을 굉장히 좋아해요. 많은 사람들 앞에서 말하는 것도, 소통하는 것도 좋아하는데요. 긴장이 아예 안 되는 건 아니지만 여러 체험을 하고 그 결과물을 발표하는 '프로젝트' 자체가 큰 성취감을 안겨줘요. 영어가 단순히 점수를 받아야 하는 교과목이 아니라 다른 사람과 소통할 수 있는 소중한 도구이기 때문에, 한국어 활동이어도 여러 소통의 경험이 영어공부에 밑거름이 된다고 믿어요.

다재다능(多才多能). 도가은 양을 한마디로 정리하면 이렇습니다. 영어로 브이로그를 직접 제작한다고 해서 감동 한 번, 직접 쓴 영어 기고문이 어린이 영어신문에 실린다고 해서 감동 두 번, 전국 청소년 음악 콩쿠르에 참가한다고 해서 또 감동을 받았어요.

Ⓠ **영어로 브이로그를 제작한다는 건 무슨 이야기인가요? 너무 궁금해요.**

Ⓐ 처음 계기는 동영상 편집에 대한 관심에서 출발했어요. 제가 학생이고 코로나19 상황이기도 해서 소재가 한정적이더라고

나의 마지막 영어공부

요. 어디 나가는 것도 쉽지 않으니까요. 그래서 '공부하는 모습을 브이로그로 만드는 것은 어떨까?'라는 생각으로 시작했어요. 과학이나 수학 분야의 공부한 내용을 정리해서 짤막한 자막도 달아요. 미리 간단한 대본을 써보기도 하고요. 자막을 만들면서 자연스럽게 궁금한 표현법을 익힐 수 있어서 공부가 되는 것 같아요. 또 동영상을 보며 내가 부족한 점, 고쳐야 할 점도 생각합니다.

영어 브이로그는 어디로 가면 볼 수 있냐고 묻자 "아직은 제 핸드폰 속에만 있어요."라는 답이 돌아왔습니다. 초등학생이 직접 제작, 편집한 브이로그는 어떨까 기대했는데 볼 수 없다니 아쉬웠어요. 한편으로는 너무 귀엽다는 생각도 들었고요.

Q 그래서 고쳐야 할 점은 뭔가요?

A 브이로그를 보면서 느낀 건데요. 저는 실수에 의연하지 못한 것 같아요. 사소한 실수에도 집착하는 것 같아 이 부분은 꼭 고쳐야 할 것 같아요. 사람은 누구나 완벽하지 않고 저 역시 아직 부족함이 많다는 것을 잘 알고 있습니다. 실수는 실패가 아니에요. 실수를 통해 더욱 성장할 수 있어요. 이것을 계속

마음속에 되새기며 고치려고 노력하고 있어요. 앞으로도 자주 부딪히고 넘어지면서 다양한 경험을 쌓고 싶어요.

Q 피아노 실력을 연마하는 과정도 영어공부를 하는 과정과 비슷할 것 같아요. 그 과정을 통해 얻는 것은 뭔가요?

A 연주자의 꿈을 갖고 있지는 않지만 매일 조금씩이라도 시간은 내서 연습을 꾸준히 하려고 해요. 그러려면 많은 인내와 노력이 필요하더라고요. 콩쿠르 준비를 할 때는 땀에 옷이 젖을 만큼 노력하지만 다 잘되는 건 아니라서 힘들 때도 있죠. 그런데 이 과정을 넘기면 엄청난 성취감이 몰려와요. 음악으로부터 얻는 이 성취감이 다른 공부를 할 때도 많은 도움이 되는 것 같아요. 제가 직접 연습량과 방향을 정하거든요. 그래서 '자기주도성'이 생기는 것 같아요.

Q 꿈을 향해 앞으로 나아갈 수 있는 데는 친구처럼 응원해주시는 어머니와의 돈독함도 큰 역할을 하는 것 같아요. 어머니가 평소 공부에 (특히 영어공부에) 어떤 도움을 주시는지 궁금합니다.

A 엄마와 저는 클래식이라는 같은 관심사가 있는 친구이기도 해요. 그러다 보니 자연스레 대화가 많은 것 같아요. 제가 어

나의 마지막 영어공부

렸을 때는 매일 밤 책을 읽어주시고, 영어로 역할놀이도 해주셨어요. 영어로 된 체험을 많이 할 수 있도록 도와주셨고요. 제가 7살 때 엄마가 '전화영어'를 하고 계신 모습을 보고 저도 따라서 시작하게 되었습니다. 덕분에 영어와 쉽게 친해질 수 있었던 것 같아요. 엄마가 직접적으로 가르침을 주시는 부분도 있지만 엄마가 노력하는 모습을 보면 저절로 동기 부여가 됩니다. 또 항상 제가 관심을 가질 수 있는 소재를 제공해주세요. 공부는 제가 주도적으로 하고, 엄마는 좋은 강의나 교재, 도움이 될 만한 자료, 전시 등을 추천해주십니다.

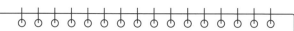

고수와의 인터뷰_
시드니대학교 문시현

"목표 없는 질주는 낭떠러지로 가는 지름길입니다."

_문시현

2019년 가을, 우수한 학생들이 모인다는 모 자립형 사립고의 학생들이 저에게 진로탐방 인터뷰를 신청한 적이 있습니다. 문시현 씨는 그날 만난 4명의 학생들 중 한 명이었는데요. 나중에 알고 보니 그는 12만 명의 구독자가 있는 유튜버 'Shawn Moon(션문)'이었고, 춤이 좋아서 아이돌 연습생 생활을 경험한 적이 있는 재주꾼이더라고요. 일본에 유학을 가서 저를 놀라게 하더니, 최근에는 호주 시드니대학교에 진학했다는 기쁜 소식을 전해주었습니다. 내친 김에 그의 영어공부 비결이 궁금해 인터뷰를 요청했어요. 놀랍게도 영어 학원은 사교육에 대한 거부감이 심해서 다닌 적이 없다고 해요.

영어권 유학 경험 없이
호주 대학교에 진학하다

Ⓠ 영어 학원을 한 번도 안다니고 외국 대학, 그것도 영미권 대학에 진학했다는 것이 믿을 수 없을 정도로 놀랍습니다. 어려서부터 영어를 유창하게 하기 위해 어떤 노력을 하셨나요?

Ⓐ 저는 영어 학원도, 영어유치원도 안 다녔는데요. 대신 어머니가 항상 영어를 들려주셨어요. 아침에 일어나자마자 영어 방송을 듣도록 TV 앞에 앉혀두셨고요. 한글 자막 없이 보게 하셨죠. 정확한 단어의 스펠링을 모르는 상태에서 맥락부터 먼저 이해하게 되었고, 점점 이해되는 부분이 많아졌어요. 특히 영화 대사를 따라 하는 걸 좋아해서 억양이나 발음에 익숙해질 수 있었죠. TV만 본 건 아니고 집에 영어 동화책이 넘쳐났어요. 그렇게 어린 시절을 보내고 나니까 학교 시험에 필요한

영어공부는 어렵지 않게 해낼 수 있었습니다. 성적을 내는 것 뿐만 아니라 영어에 대한 거부감 자체가 적은 편이에요. 그래서 영미권 조기유학을 한 번도 다녀오지 않았지만 호주 대학교 진학에 도전할 수 있었죠. 물론 영어로 학업을 이어나가야 한다는 부담감은 크지만 부딪혀볼 만한 벽이라고 생각하고 도전하려고요. 언어적인 밑바탕을 만들어주신 어머니께 감사한 마음이에요.

Q 자립형 사립고를 졸업했잖아요. 입학 경쟁이 치열하다고 알고 있는데 어떻게 준비하셨나요? 그리고 교과과정은 어떤 면에서 차별화가 되어 있던가요?

A 저는 어렸을 때부터 학원의 체계화된 시스템과 어울리지 않는 학생이었어요. 그러다 보니 한 학원을 꾸준히 다니지 못했고, 고등학교 입시 또한 제가 알아서 서류를 준비하고 면접을 준비했습니다. 그 과정에서 도움이 필요한 경우에는 친하게 지내던 학교 선생님들께 부탁을 드렸고요. 교과 면에서는 확실히 일반 인문계 고등학교와는 차이점이 많았습니다. 대학 교수님께 대학교 과정을 미리 듣는 '미래대학' 수업이나, 선생님과 소수 정예로 진행하는 '독서토론' 등 수업의 형식이

나의 마지막 영어공부

다채롭고 제 지적 호기심을 채워주기에 충분했습니다.

무엇보다 학교 축제부터 체육대회 등 거의 모든 대회와 행사를 학생이 주도했기 때문에 좋은 경험을 쌓을 수 있었어요. 학교 축제를 맡아서 준비한 적이 있는데 제가 직접 50명에 달하는 준비팀원을 선발하고, 수백만 원에서 수천만 원에 달하는 예산안을 직접 작성하기도 했죠. 출연진 섭외부터 무대 설치까지 전부 학생이 주도하는 축제는 전국에서 유일할 거예요. 자기주도력을 키울 수 있도록 도움을 주는 학교라는 점이 가장 좋았습니다.

Q 국비장학생에 선발되어 현립 후쿠오카 고등학교에서 약 1년간 공부하셨는데요. 일본에서의 생활은 어땠나요?

A 일본어를 좋아하고 잘해서 유학을 간 게 아니다 보니 일본 생활 초반은 솔직히 많이 힘들었어요. 오히려 영어로 의사소통하는 게 더 편해서 친구들에게 영어로 말을 걸기도 했습니다. 지내는 동안 한국어를 사용할 기회가 전혀 없기도 했고, 친구들과 일본어로 말을 하고 싶다는 욕심이 있어서 짧은 기간 일본어 실력이 많이 성장했던 것 같습니다. 처음에는 한국어로 문장을 만든 후 머릿속에서 번역해 말했다면, 실력이 늘면서

점점 일본어로 생각을 하게 되는 짜릿함을 경험했습니다. 흔히 언어는 노출 없이 배울 수 없다고 하잖아요? 일본어를 할 줄 아셨던 어머니께서 제가 어릴 때 〈명탐정 코난〉의 일본어판을 자주 틀어주셨는데요. 이러한 경험이 많은 도움이 되었던 것 같아요. 귀국한 후에는 한동안 일본어로 잠꼬대를 할 정도로 일본어에 익숙해졌습니다.

Q 그런데 시드니대학교 진학을 결정했습니다. 왜 영미권 대학을 선택했는지, 유학 준비는 어떻게 했는지 말씀해주세요.

A 일본에서 유학을 마치고 한국으로 돌아와서는 연세대학교 학술대회에서 '민족주의적 한일 외교정책에 대한 비판' 논문을 작성하기도 하고, 각종 대외활동을 통해 범국가적인 시각으로 세상을 바라보고 싶다는 생각을 하게 되었어요. 특히 유럽 친구들과 독일에서 함께 진행한 모의 EU의회 활동에서 새로운 꿈을 갖게 되었죠. 출신 국가에 상관없이 서로 의사소통이 가능한 '영어'라는 언어의 중요성을 깨닫고는 영어공부에 집중하기 시작했습니다. 저는 원래 한국 대학교와 일본 대학교 입시를 동시에 준비했는데요. 영어로 모든 과정이 진행되는 국제학부를 목표로 했기에 최종적으로 호주 유학을 결심하게

나의 마지막 영어공부

됩니다. '어차피 영어로 공부할 거 세계적인 대학교에서 공부해보자!'라고 생각했죠.

Q 이제 입학 직전인데요. 어떻게 호주 생활 준비를 하고 계신가요?

A 유학 자체는 처음이 아니지만 이제는 성인으로서 모든 것을 스스로 책임져야 한다는 점이 조금 부담스럽기도 하고 걱정도 많이 되네요. 하지만 앞으로 있을 사소한 위기에 신경 쓰기보다 유학을 가고자 했던 이유와 목표를 다시 한번 새기면서 시간을 보내고 있어요. 목표 없는 질주는 낭떠러지로 가는 지름길이니까요. 한편으로는 한국어와 일본어에 맞춰져 있는 언어 회로를 다시 영어에 익숙해지게끔 전환하려고 노력하는 중이고요.

Q 좀 상투적인 질문인 것 같지만 앞으로의 학업 또는 진로 목표는 무엇인가요?

A 저 역시 좀 상투적인 말 같지만 '전 세계 사람들이 모여 지구촌의 문제를 해결해나가는 일'에 제 힘을 보태고 싶어요. (웃음) 엄청 상투적인 자기소개서용 멘트 같지만 이게 제가 묵묵히 학업을 이어나가는 원동력입니다. 시드니대학교에서 국제

관계학과 경제학을 전공하고, OECD 파리 본부에서 인턴십을 거쳐 국제기구에 진출하고 싶습니다.

ⓠ 아이돌 연습생이기도 했고, 인지도 있는 유튜버이기도 하잖아요. 다양한 활동을 하면서도 공부에 소홀하지 않았는데요. 그 비법이 궁금합니다.

ⓐ 스스로에게 "너 죽을 때 후회 안 할 자신 있어?"라는 질문을 던지곤 해요. 좋아하는 일이 있고 도전해보고 싶은 일이 있을 때 꼭 최선을 다하자고 다짐하죠. 그래서 춤이든, 동영상 편집이든 최선을 다해 도전하는 삶을 살아보려 합니다. 공부에 대한 스트레스가 심했던 고등학생 시절에 춤은 '나'를 표출하는 또 다른 창구였습니다. 누군가 제게 취미가 뭐냐고 묻는다면 자랑스럽게 춤추는 것을 좋아한다고 대답할 수 있음에 기쁘고 행복합니다. 지금까지 지치지 않고 공부할 수 있게 해준 고마운 취미죠.

사실 동영상 촬영과 편집도 그냥 제가 재밌어서, 하고 싶어서 꾸준히 노력했어요. 인터넷을 뒤져 편집하는 방법을 공부하고 나름대로 이리저리 찍어서 올리곤 했죠. 조회수가 100회만 나와도 너무나 신기했습니다. 누가 시키지 않고 신나서 한다는 점이 전해졌는지 현재는 12만 명의 구독자분들이 제 일상에 공감해주고 계세요. 이를 보며 다시 한번 의지를 다지게 됩니다. '열심히 살아가는 모습을 보고 자극을 받았다.' '하고 싶은 공부를 하는 것 같아 부럽다.' 등 응원의 댓글을 볼 때면 저 또한 위로를 받고 자극을 받습니다. 내가 누군가의 인생에 영향을 끼쳤다는 편지를 받을 때마다 더 큰 책임감을 느끼기도 하고, 한편으로는 '내 안의 나'를 잃지 않고 묵묵히 중심을 잡고 살아야겠다는 생각을 해요.

참고로 시드니대학교 유학 생활을 잠시 누린 문시현 군은 진로에 좀 더 맞는 기회를 찾아 일본 와세다대학교로 옮겼습니다. 편안한 소통력을 무기로 세계를 무대 삼아 활약할 앞날을 응원합니다.

영어는 결국
균형의 기술

영어 학습법에 대한 책을 써보지 않겠느냐는 제안을 받은 것은 2019년 여름의 어느 날이었습니다. 첫 책 『통역사의 일』이 나오기도 1년 전의 일입니다. 그 당시 저는 제 이름을 달고 세상에 나올 책을 간절하게 열망했었습니다. 그런데 때마침 두 곳의 출판사에서 제안을 받았던 거예요. 한 곳에서는 신문에 연재했던 글을 토대로 에세이 출간을 제안했고, 다른 한 곳에서는 자기계발서를 제안했습니다.

날아갈 듯 행복한 기분으로 계약서에 사인을 한 저는 이후 아주 긴 시간 동안 '과연 내가 다른 사람들에게 영어공부 노하우에 대해 조언하는 책을 쓸 자격이 있을까?' 하는 고뇌에 빠집니다. 글을 시작할 수도 없었습니다. 자신이 없었거든요. 책에도 썼던 말이지만 제 영어는 완벽하지 않아요. 오랫동안 통역사로서 제 자신을 담금질해오며 솔직히 영어 실력으로 뿌듯했던 기억보다는 좌절했던 날이 훨씬 더 많았습니다.

원고 집필을 오래도록 회피하고 망설이다가 "그냥 친한 동생한테 영어공부에 대해 조언하는 셈 치고 가볍게 써볼까?" 하며 다시 컴퓨터 앞에 앉았죠. 마음을 편하게 먹으니 수다스러울 정도로 재미있게 글을 쓰는 경험을 할 수 있었습니다. 그리고 일상에서 독자 여러분과 나누고 싶은 이야기를 발견하면 정신없이 기록해뒀습니다. 아직 미처 나누지 못한 이야기들도 많고요.

드라마 〈조용한 희망〉에서는 부유한 흑인 여성 변호사와 이른바 'white trash(백인 쓰레기)'라고 할 수 있는 인물이 나옵니다. 이들이 서로에게 조금씩 경계를 허물고 우정이 생기는 과정을 묘사하는데요. 갑작스러운 남편의 이혼 통보에 슬픔에 빠진 흑인 여성 변호사 레지나는 주인공 알렉스에게 이렇게 말합니다.

"Don't ever let anybody take advantage of you, make you feel 'less than' for all of your hard work. Work. It's the only think you can count on. Everything else is fragile."

(누구에게도 이용당하지 말아요. 누가 당신이 열심히 일한 걸 깎아내리면 가만 있지 말아요. 오로지 일만 믿어야 해요. 다른 건 전부 언제 깨질지 모르는 것들이니까요.)

아마도 저는 이 책의 독자 여러분에게 이런 이야기를 하고 싶었던 것 같습니다. 취업이나 여러 가지 이유로 영어를 공부하면서 좌절감을 느끼신 적이 있나요? 그런 분들에게 힘을 주고 싶었어요. 열심히 공부를 해나가는 시간, 그 과정 자체를 단단히 뿌리내리게 돕고 싶었습니다.

하지만 영어공부뿐만 아니라 그 어떤 목표도 쉬운 길은 없습니다. 그렇다고 악쓰고 애만 쓴다고 이뤄지는 일도 아니고요. 모순처럼 느껴질지 모르지만 치밀하고 정교하게 정확한 표현과 문법, 그리고 단어의 강세를 배우는 한편 '틀리면 좀 어때?' 하고 씩씩하게 입을 떼야 실력이 좋아집니다.

영어공부는 결국 치밀함과 허술함이라는 양립 불가능할 것 같은 두 가지 사이에서 균형을 잡는 과정이 아닐까요? 여러분의

나의 마지막 영어공부

여정에서 이런 모순을 유쾌하게 경험하길 바랍니다. 노력한다면, 결과는 선물처럼 따라올 거예요.

영어공부에
도움이 되는 콘텐츠

1. 재미있는 예문이 많은 사전 형식의 책

• Q book for English Teachers』(Matthew Warren, 라이온북스)

• 『Oxford Dictionary of Political Quotations』(Jay·Antony, Oxford University Press)

• 『사회 핵심 용어 사전』(편집부, 시공아카데미)

• 『SSAT·SAT 수학용어사전』(김선주, 자유로운상상)

• 『네이티브 영어표현력 사전』(이창수, 다락원)

나의 마지막 영어공부

2. 구체적인 내용을 다루는 영어 참고서

- 『거의 모든 숫자 표현의 영어』(조나단 데이비스·유현정, 사람in)
- 『영어 단어의 결정적 뉘앙스들』(케빈 강·해나 변, 사람in)
- 『우리말 표현 격언·속담·사자성어를 영어로 뭐라 할까?』(임향
  옥·최정화, 한국외국어대학교출판부)
- 『영어 단어의 결정적 뉘앙스들』(케빈 강·해나 변, 사람in)
- 『This is Korea』(최정화·임향옥, 뉴런)

3. 영어의 역사에 대한 책

- 『상식과 교양으로 읽는 영어 이야기』(아이작 아시모프, 웅진지식
  하우스)
- 『세계사를 품은 영어 이야기』(필립 구든, 콘텐츠크루)

4. 언어를 다루는 사람들의 책

- 『나승연의 프레젠테이션』(나승연, 21세기북스)
- 『내레이션의 힘』(박형욱·김석환, 예문아카이브)
- 『언어 공부』(롬브 커토, 바다출판사)
- 『언어 감각 기르기』(요네하라 마리, 마음산책)

5. 영어권 대학 스타일의 글쓰기

- 『미국 명문대 입학 에세이 모범답안 100선』(하버드 인디펜던트, 크림슨)
- 『How They Got into Harvard』(The Harvard Crimson, St. Martin's Griffin)

6. 자기계발 및 공부하는 마음가짐

- 『피터 드러커의 자기경영노트』(피터 F. 드러커, 한국경제신문사(한경비피))
- 『프로페셔널의 조건』(피터 F. 드러커, 청림출판)
- 『공부하는 삶』(앙토냉 질베르 세르티양주, 유유)
- 『단단한 공부』(윌리엄 암스트롱, 유유)

7. 웹사이트, 애플리케이션, 유튜브

- 칸 아카데미(www.khanacademy.org)-동영상 학습
- 칸 아카데미 키즈(애플리케이션)-동영상 학습
- Quora(www.quora.com)-영어판 지식in
- 하이 네이티브(hinative.com)-영어가 헷갈릴 때
- 버츄얼 라이팅 튜터(virtualwritingtutor.com)-문법 검사기

- 그래멀리(www.grammarly.com)–문법 검사기

- 포린폴리시(foreignpolicy.com)–매거진

- 영국 BBC(www.bbc.com)–방송

- CBeebies(asia.cbeebies.com)–어린이용 퀴즈, 게임

- UN(www.un.org/en)–국제연합

- Preschool Prep Company(유튜브)–취학 전 어린이

- The British Museum(유튜브)–영국 박물관, 미술관

- British Accent Training–British Accent VO(유튜브)–영국식 억양

- FitnessBlender(유튜브)–영어 운동

- World Economic Forum–영어로 만나는 세계경제포럼

나의 마지막 영어공부

초판 1쇄 발행 2022년 7월 20일

지은이 박소운
펴낸곳 원앤원북스
펴낸이 오운영
경영총괄 박종명
편집 이광민 최윤정 김형욱 양희준
디자인 윤지예 이영재
마케팅 문준영 이지은 박미애
등록번호 제2018-000146호(2018년 1월 23일)
주소 04091 서울시 마포구 토정로 222 한국출판콘텐츠센터 319호 (신수동)
전화 (02)719-7735 **| 팩스** (02)719-7736
이메일 onobooks2018@naver.com **| 블로그** blog.naver.com/onobooks2018
값 16,000원
ISBN 979-11-7043-324-8 03320